Die Psychologie der Zusammenarbeit und Gruppenbewusstsein

Titel der Orginalausgabe „The Psychology of Cooperation and Group Consciousness"
von TorkomSaraydarian

© 1989 Gita Saraydarian
T.S.G. Publishing Foundation, Inc.
P.O. Box 7068, Cave Creek, AZ 85327 USA
Tel: 480 502 1909 * Fax: 480 502 0713
www.tsgfoundation.org

Alle Rechte, insbesondere das Recht auf Vervielfältigung und Verarbeitung sowie der Übersetzung sind vorbehalten. Kein Teil des Werkes darf in irgendeiner Form ohne schriftlicher Genehmigung des Inhabers der Urheberrechte reproduziert oder unter Verwendung elektronischer Systeme gespeichert, verarbeitet, vervielfältigt oder verbreitet werden.

Deutsche Erstausgabe 2016

Copyright © BOB BewusstseinsOrientierteBücher –
GbR Ursula Grossmann, Daniela Mohr, Susanne Herzer, Thomas Herzer
Rappengasse 21
67365 Schwegenheim
Tel.: 06344 8622
E-Mail: info@bob-shop.online

Deutsche Übersetzung aus dem Amerikanischen: Gerda Huber und Susanne Herzer
Korrektorat: Nicolas Herzer

Herstellung und Verlag: BoD - Books on Demand, Norderstedt

ISBN 9783743128040

Bibliografische Information der Deutschen Bibliothek: Die Deutsche Bibliothek verzeichnet diese Publikation in der Deutschen Nationalbibliografie, detaillierte Bibliographische Daten sind im Internet über http://dnb.ddb.de abrufbar.

Die Psychologie der
Zusammenarbeit
und Gruppenbewusstsein

TORKOM SARAYDARIAN

 TSG PublishingFoundation,Inc.

Einige Worte
von Gita Saraydarian

Ich freue mich so sehr, die Übersetzung des Buches „The Psychology of Cooperation and Group Consciousness" ins Deutsche zu sehen. Zusammenarbeit und das in Erscheinung treten von Gruppen ist ein Schlüsselelement der menschlichen Evolution. Je mehr die Menschheit in materieller Form voranschreitet, desto wichtiger ist es, das Mysterium der Zusammenarbeit zu erlernen und zu lernen, gruppenbewusst, nicht herdenbewusst zu sein. Unser menschlicher Fortschritt, Sicherheit, Wachstum und Expansion in immer weitere Felder menschlichen Verstehens, all das hängt von der Entwicklung dieses zentralen spirituellen Themas ab: verbunden zu sein und ein Teil von etwas Größerem zu sein.

Torkom Saraydarian schrieb dieses Buch in den 1980er Jahren und es wurde erstmals 1989 auf Englisch veröffentlicht. Später schrieb er viele weitere Kapitel über Bewusstsein und Gruppenbewusstsein in seiner dreiteiligen Buchreihe „Consciousness". Er forderte immer dazu heraus, den inneren Prozess zu entdecken, wie man lernt zu kooperieren, teamfähig zu sein, kreative Gruppen zu bilden und auf welche Weise man führen kann, um Wachstum und Entwicklung für jeden zu fördern.

Das Leben auf der Erde und die Mobilität der Menschen auf der ganzen Welt, das in Kontakt kommen mit Menschen aller Kulturen und religiöser Traditionen macht es unerlässlich, dass wir die tiefere Bedeutung von Zusammenarbeit und Gruppenbewusstsein erlernen. Die Menschheit muss darüber nachdenken, wie man den gemeinsamen Nenner findet, der es uns ermöglicht, auf der ganzen Welt in Harmonie zu leben, und wie man Wege findet, höhere Formen des Bewusstseins zu entwickeln und diejenigen Formen, die die Göttlichkeit des Menschen und unser göttliches Erbe mindern, hinter uns zu lassen.

Torkoms grundsätzliches Thema ist in folgenden Ausschnitten aus einem unveröffentlichten Buch über Meditation (Band 2) zusammengefasst:

„Das Geheimnis ist: nicht durch Ausgrenzung, sondern durch
- Zusammenarbeit
- Entwicklung neuer Techniken, um neuen Herausforderungen des Lebens zu begegnen
- die Fähigkeit, inklusiv, unvoreingenommen und realistisch zu sein.

kann dem Zustand der Welt begegnet, beziehungsweise die Rettung der Erde erreicht werden.

Alle unsere Philosophien, Psychologierichtungen, Religionen, Wissenschaften und all unser Wissen sind nur Spielzeuge. Wir müssen so einen Weg einschlagen, zu einer derartigen Überzeugung kommen, um in der Lage zu sein, etwas Höheres zu erschaffen."

Wer ist das „wir", das in der Lage sein wird, der Menschheit neue Ideen und neue Wege zu präsentieren, die uralten Probleme zu lösen? Es sind rechtschaffene Männer und Frauen mit Herz, die fähig sind, zu führen, zu inspirieren, anzuleiten und Menschen zu lehren, ihren Verstand und ihre Herzen dem wahren spirituellen Prinzip der Einheit allen Lebens zu öffnen.

Ich gratuliere unseren wunderbaren Übersetzerinnen, die als Team gearbeitet haben, um dieses äußerst nützliche Buch fertigzustellen und es allen strebenden Menschen anzubieten.

In tiefster Liebe und Dankbarkeit.
Mit großer Freude,

Gita Saraydarian.
Gründerin und Präsidentin,
TSG Publishing Foundation
Home of Torkom Saraydarian Creative Works
September 12, 2016

Inhaltsangabe

Einführung 11

1. Gruppenbewusstsein 13

2. Bewusstsein und Gruppenbewusstsein 25

3. Die Gruppe und das gemeinsame Ziel 29

4. Das Gesetz der Zusammenarbeit 43

5. Mitarbeiter und Prinzipien der Zusammenarbeit 59

6. Unterscheidungsvermögen 79

7. Wettbewerb und Unterdrückung. 85

8. Integrität und Unterdrückung 95

9. Freundschaft 109

10. Aufmerksamkeit 133

11. Schlussbemerkungen 141

Glossar 159

Einführung

Die größte Freude und Gesundheit, der größte Wohlstand und die größte Zukunft eines menschlichen Wesens gründen auf der Arbeit, die es für andere Menschen leistet: Heilung, Erleuchtung, Ermutigung und anderen Gelegenheiten für Wachstum bieten.

Menschen können in verschiedene Kategorien eingeteilt werden, die auch mit den Stadien ihres Bewusstseins korrespondieren.

Diejenigen der ersten Kategorie leben für ihr eigenes Glück, auf Kosten des Glücks anderer.

Diejenigen der zweiten Kategorie leben für das Glück ihrer Partei oder Nation, auf Kosten anderer.

Diejenigen der dritten Kategorie leben, um anderen zu dienen und zu helfen, Menschen gesund, glücklich, erfolgreich und kreativ zu machen.

Diejenigen der ersten Gruppe beenden langsam ihr Leben in Traurigkeit, Kummer und Reue. Die zweite Gruppe vergrößert den Schmerz und das Leid der Menschheit. Die dritte Gruppe genießt das Leben und vergrößert Gesundheit, Glück, Wohlstand und das Licht in der Welt. Sie leben glücklich und sind in der Lage zu überleben und viele Krisen und Katastrophen im Leben zu erdulden.

Es gibt noch eine andere Kategorie, die sich von den oberen Dreien völlig unterscheidet. Die Menschen hier dienen den Mächten des Bösen, welche die Menschheit durch Hass, Angst, Ärger, Eifersucht, Verleumdung, Bosheit und Separatismus kontrollieren. Wenn eine Person erst einmal in die Hände einer solchen Gruppe fällt, gibt es keine Hoffnung für sie, denn sie wird ihr Fundament zerstören und sie zu einer seelenlosen Person machen.

Es ist unser Interesse, Menschen dazu zu befähigen, zwischen verschiedenen Gruppierungen zu unterscheiden und imstande zu sein, ein Leben zu leben, das frei ist und so wenig wie möglich Schaden für sie selbst und für andere verursacht. Menschen müssen lernen, nicht um ihrer Besitztümer und Positionen Willen zu leben, sondern dafür, der Menschheit wirkliche Freude zu bringen. Wie ein großer LEHRER einmal feststellte: „Glück liegt darin, der Menschheit zu helfen."

Indem wir die wahre Bedeutung von Gruppenbewusstsein erlernen, hören wir auf, uns selbst als getrennte Wesen, abgetrennt von allen anderen, zu betrachten und beginnen, unsere Verbindung zur ganzen Menschheit zu sehen, zur NATUR und zum KOSMOS. Mit dieser Erkenntnis lernen wir die Wissenschaft und Kunst der Zusammenarbeit. Überall werden die Menschen schließlich erkennen, dass Zusammenarbeit und Gruppenbewusstsein die wahren und einzigen Schlüssel für Erfolg und letztendlich für das Überleben sind.

Kapitel 1

Gruppenbewusstsein

Eine Gruppe ist eine Ansammlung von Menschen, die ein gemeinsames Ziel haben und versuchen, dieses Ziel durch Zusammenarbeit, Beharrlichkeit und selbstlose Motive zu erreichen. Die Absicht eines jeden Mitglieds ist es, die gesamte Gruppe gesund, glücklich, erfolgreich, erleuchtet und sicher zu machen.

Die Anzahl der Mitglieder in einer Gruppe kann irgendwo zwischen drei und Millionen liegen, aber so wie die Anzahl der Mitglieder steigt, sind höhere Tugenden und Effizienz erforderlich, um die Gruppe intakt zu halten. Eine Familie kann eine Gruppe sein; eine Kirche kann eine Gruppe sein; eine Nation kann eine Gruppe sein. Sogar die Menschheit als Ganzes kann eine globale Gruppe sein.

Gruppenbewusstsein ist die Gesamtheit des Bewusstseins der Einzelnen, die durch ernsthaftes Bestreben ihr Bewusstsein mit dem der anderen verbunden, verschmolzen und vermengt haben. Eine Gruppe ist keine echte Gruppe, bevor das Bewusstsein der Gruppenmitglieder nicht miteinander verbunden, verschmolzen und vermengt ist. Dies wird „eines Geistes sein" oder Gruppenbewusstsein genannt.

Gruppenbewusstsein kann durch das Festhalten an den folgenden acht Prinzipien entwickelt werden:

1. **Gruppenmitglieder müssen den Wert von Respekt lernen und respektvoll miteinander umgehen.** Bevor die Menschen in einer Gruppe sich nicht gegenseitig respektieren, kann es keine

echte Gruppe sein. Respekt muss im Verhalten, in den Worten, Gefühlen und Gedanken einer jeden Person den anderen Gruppenmitgliedern gegenüber präsent sein. Dies gilt auch für eine Familiengruppe. Wenn sich die Mitglieder einer Familie nicht gegenseitig respektieren, gibt es keine Familie.

Aber wie kann man eine andere Person respektieren? Die Antwort lautet: indem man einen hohen Wert oder ein großes Potential in ihr sieht und eine besondere Beziehung mit ihr aufrechterhält, die auf der Anerkennung dieses hohen Wertes beruht. Eine Gruppe ohne Respekt unter ihren Gruppenmitgliedern ist wie eine Steinmauer ohne Mörtel. Eine Familie oder eine Gruppe besteht und wächst nur, wenn die Mitglieder sich gegenseitig respektieren.

2. **Gruppenmitglieder müssen ein gemeinsames Ziel fördern.** Wenn das Ziel in den Köpfen (engl. mind) der Mitglieder klar ist, werden sie eine bessere Kommunikation untereinander haben und intelligenter zusammenarbeiten. Das Ziel sollte die Achse der Gruppe sein, um die herum die Mitglieder ihr Leben und ihre Aktivitäten organisieren müssen.

Einige Mitglieder versuchen, das Gruppenziel ihrem eigenen Selbstinteresse anzupassen und es für ihren persönlichen und separatistischen Vorteil zu nutzen. Auf diese Weise entstehen Spannungen und Probleme innerhalb der Gruppe, wenn bestimmte Mitglieder versuchen, ihre individuellen Ziele der Gruppe aufzudrängen.

Das Gruppenziel fordert, dass jedes Mitglied auf seine individuellen Ziele verzichtet, oder wenigstens der Gruppe nicht seine separatistischen Ziele aufzwingt. Der Dirigent eines Orchesters fordert, dass alle Musiker ihren Part der Symphonie spielen, die das Ziel des Orchesters ist. Was würde passieren, wenn einige Musiker ihre eigenen Stücke im Orchester spielen würden?

Um Teil des Gruppenbewusstseins zu sein, müssen die Mitglieder Aktivitäten, Gefühle und Gedanken aufgeben, die nicht zum gemeinsamen Ziel der Gruppe passen.

3. **Gruppenmitglieder müssen versuchen, harmonisch miteinander zu arbeiten, um das Gruppenziel und die Ziele der einzelnen Mitglieder, die dem Gruppenziel nicht widersprechen, zu fördern.** Ein Beispiel: Das Ziel einer bestimmten Gruppe ist es, fünf Millionen Dollar aufzubringen. Angenommen, es gibt Mitglieder in dieser Gruppe, die anstreben, reich zu werden. Diese Mitglieder darin zu fördern, zu ermutigen und anzuleiten, wie sie mehr Geld verdienen können, widerspricht nicht dem Gruppenziel. Denn wenn diese Mitglieder ihr Ziel erreichen und mehr Geld haben, nutzen sie der Gruppe, indem sie mehr Geld spenden und dadurch helfen, das Gruppenziel zu erreichen.

Je wohlhabender die Mitglieder einer Gruppe sind, desto wohlhabender wird die Gruppe sein. Folglich widerspricht es nicht den Interessen des Gruppenzieles, wenn man einander hilft, individuelle Ziele zu erreichen, vorausgesetzt, dass die individuellen Ziele nicht dem Gruppenziel widersprechen.

Wenn das Gruppenziel und individuelle Ziele miteinander übereinstimmen, dann erreicht auch die Gruppe ihr Ziel, so wie der Einzelne sein Ziel erreicht. So wie das Einkommen des Einzelnen steigt, so steigt auch das Einkommen der Gruppe. Wenn die Gruppe reicher wird, werden auch die Mitglieder reicher.

Wenn der Reichtum an Weisheit, Liebe, Feierlichkeit, Reinheit und Schönheit in der Gruppe wächst, wird jedem in der Gruppe Reichtum zu Teil. Jeder ist erfüllt. Es ist unmöglich, das Gruppenziel voranzubringen, solange ihm nicht Priorität gegeben wird und es nicht höher geschätzt wird als die individuellen Ziele.

In manchen Fällen kann es für Mitglieder notwendig sein, ihre individuellen Ziele unterzuordnen und sich völlig dem Ziel der Gruppe zu widmen. Auf diese Weise erreicht die Gruppe ihr Ziel und schafft für den Einzelnen die Bedingungen, jene persönlichen Ziele zu erreichen, die dem Gruppenziel nicht widersprechen.

4. **Gruppenmitglieder müssen die Gruppe und ihre Mitglieder vor Angriffen und Gefahren schützen.** Dies führt zu Gruppenbewusstsein, Fortschritt, Integrität und Einfluss für die Gruppe.

Drei von uns Soldaten waren einst auf einer sehr gefährlichen Mission für die Armee. Jeder von uns war ein Spezialist für einen Aspekt der Mission. Wir waren sehr darauf bedacht, uns gegenseitig zu beschützen, weil unser individuelles Überleben vom Überleben der anderen abhing. Wenn einer von uns verloren gegangen wäre, hätten die übrigen zwei es sehr schwer gehabt, zu überleben und unsere Mission zu erfüllen. So fragten wir einander regelmäßig „Hast du gut gegessen? Hast du gut geschlafen? Fühlst du dich gesund? Wie ist deine Energie?" usw. Die kleinste Beschwerde eines der Mitglieder hätte uns Todesangst verursacht. Unser Hauptanliegen war es, uns gegenseitig zu beschützen.

Auf diese Weise muss eine Familie, eine Gruppe, eine Nation und die Menschheit lernen zu handeln. Gruppenbewusstsein kann nur wachsen, wenn eine Person damit beginnt, ihr Leben zu riskieren, um andere Gruppenmitglieder zu beschützen.

Vor Milliarden von Jahren begann die fortschreitende Entwicklung des Bewusstseins in einer Zelle, als sie gewahr wurde, dass sich ihre eigene Überlebenschance und ihr Wohl verbessern, wenn sie sich mit vielen anderen Zellen für ein gemeinsames Ziel vereinigt – schließlich erschufen sie einen menschlichen Körper.

In einem menschlichen Körper operieren zahlreiche Gruppen. Zum Beispiel ist das Nervensystem eine Gruppe; die Drüsen formen eine Gruppe; das Blutsystem ist eine andere Gruppe; das Lymphsystem ist wieder eine andere Gruppe. Der Mensch ist eine Wesenheit, in der all diese Gruppen harmonisch arbeiten, weil sie gelernt haben, dass in Harmonie für ein vereintes Ziel miteinander zu arbeiten, ihr Bewusstsein erweitert und ihnen hilft, unter ungünstigen Bedingungen zu überleben.

Krankheit ist ein Zeichen für Disharmonie zwischen einer Gruppe und dem Rest. Wenn irgendeine Gruppe von Krankheit betroffen ist, versuchen die anderen Gruppen ihr zu helfen, gesund zu werden, weil sie wissen, dass das Überleben des Ganzen von dem Wohlbefinden der erkrankten Gruppe abhängt.

Die Menschheit ist wie der menschliche Körper, aber sie hat Jahrhunderte lang versäumt, diese äußerst grundlegende Lebensbedingung wahrzunehmen und sie hat nicht für Einheit, Zusammenarbeit und Harmonie gearbeitet. Eine Nation denkt nur daran, ein „Magen" zu sein, um den Rest des Körpers zu „essen", ohne zu realisieren, dass sein eigenes Überleben vom ganzen Körper abhängt. Wenn diese Nation gefragt werden würde, warum sie den Rest essen möchte, würde sie antworten: „Für mein eigenes Überleben."

Was würde geschehen, wenn sich plötzlich alle Zellen im Körper entscheiden würden, die „Gruppe" zu verlassen und sich überallhin zu verstreuen? Nun, die Person würde keinen Körper mehr haben. Sie würde nicht als Körper existieren. Hier lernen wir, dass Existenz bedeutet, zu vereinen, Gruppenbewusstsein zu entwickeln, zusammenzuarbeiten, zu harmonieren und sogar die eigenen Ziele aufzugeben und separatistische Interessen für das Wohl der ganzen Gruppe zu opfern.

Man muss überlegen, warum die Menschheit Jahrhunderte lang gelitten hat. Die Antwort liegt auf der Hand: die Menschengruppe und ihre einzelnen Mitglieder haben das Gesetz des Gruppenbewusstseins gebrochen und stattdessen für separatistische Interessen gehandelt. Menschen handeln gegen das Gesetz des Gruppenbewusstseins, indem sie tratschen, sich gegenseitig verleumden, Arglist und Verrat einsetzen und versuchen, sich gegenseitig auszubeuten oder zu vernichten. Dies bedeutet, dass Menschen gegen ihr eigenes Überleben arbeiten, gegen den Aufbau von Gruppenbewusstsein.

5. **Gruppenmitglieder müssen ermutigen und zum Streben erwecken, um größere Potentiale ineinander zu entwickeln.** Nimm an, fünf Menschen möchten mit ihren eigenen Händen einen Tempel errichten. Sie treffen sich, um den Bauplan zu diskutieren und stellen fest, dass sie Maurer, Schreiner, Klempner, Elektriker und einen Techniker brauchen, um die Aufgabe zu erfüllen. Jeder von ihnen muss dann eine bestimmte Fertigkeit erlernen, Erfahrungen sammeln und dann beginnen, den Tempel zu bauen. Wenn sie ihre benötigten Fertigkeiten erlernen und harmonisch miteinander arbeiten, werden sie sehen, wie sehr sie sich gegenseitig brauchen, um die Aufgabe zu erfüllen.

In der Zukunft werden wir sehen, wie jene Gruppen, die die Entwicklung des Gruppenbewusstseins nicht voranbrachten, zu Hindernissen auf dem Pfad der Menschheit wurden und es der Menschheit erschwerten, bessere Ziele zu erreichen. Jedes menschliche Wesen, jede Gruppe und jede Nation muss dem anderen helfen, effizienter, erfolgreicher und aufgeklärter zu werden, sodass die Menschheit – die der Körper aller Gruppierungen ist – ihr höchstes Ziel erreicht: die Kultivierung globalen Bewusstseins.

Folglich muss jedes Gruppenmitglied andere ermutigen, mehr zu sein, als sie derzeit sind, um ihre Schönheit zu vergrößern, mehr zu werden, und diese Schönheit zur Gruppe beizutragen.

Einst schickte eine Gruppe in Asien 25 ihrer Kinder nach London für eine höhere Bildung. Jahre später kehrten diese Kinder als Ärzte, Rechtsanwälte, Ingenieure, Künstler und mit anderen Berufen zurück und brachten der Gruppe großen Wohlstand und Würde.

Das grundlegende Prinzip von Gruppenbewusstsein ist es, andere Menschen zu erheben und zu erleuchten, damit sie im Gegenzug dich erheben und erleuchten.

6. Gruppenmitglieder müssen lernen, anderen Gruppenmitgliedern gegenüber tolerant und versöhnlich zu sein, und ihnen die Möglichkeit geben, sich selbst in die Arbeit der Gruppe einzufügen.

Es ist nicht unsere Aufgabe, ein arrogantes, stures, faules und tratschendes Mitglied, das voll von diesen Untugenden ist, zu verurteilen. Stattdessen müssen wir Mittel und Wege finden, diese Person zur Vernunft zu bringen, sodass sie ihre höheren Tugenden entwickelt. Auf diese Weise verbessert sich die Gruppe, anstatt schwächer zu werden. Verleumdung, Bosheit und Hass werden normalerweise gegen ein Mitglied eingesetzt, welches noch nicht die Anforderungen des Gruppenbewusstseins erfüllt. Wir müssen ihm helfen, zu gesunden, zu verstehen und zu lernen, wie man kooperiert. Dies kann durch einen Geist der Toleranz und Vergebung erreicht werden, bis zu dem Moment, an dem das Mitglied von der Gruppe vollständig „verdaut" und in das Gruppenbewusstsein integriert ist.

Wenn einer deiner Arme schmerzt, trennst du ihn nicht ab, sondern kümmerst dich besser um ihn – außer du siehst, dass er nicht zum Körper „passt". Manchmal ist die „Operation" die schmerzlichste Arbeit für Gruppenführer, die sie ausführen müssen. Jenen, die gegen die Prinzipien des Gruppenbewusstseins handeln, muss immer eine neue Gelegenheit gegeben werden – sofern sie nicht bewusst da sind, um die Gruppe zu schwächen und ihre Arbeit zu zerstören.

Eine gesunde Gruppe sondert manchmal automatisch solche destruktiven Mitglieder aus und gewinnt nach solch einem Ausschluss mehr Gesundheit und Kraft. Es wurde beobachtet, dass ungesunde Personen in gesunden Gruppen nicht „atmen" können und aus unterschiedlichen Gründen die Gruppe verlassen.

Man sollte nicht meinen, dass jeder, der eine Gruppe verlässt, eine schlechte Person ist. Manchmal verlassen Menschen eine Gruppe, um eine andere zu finden, die ihrer eigenen Natur mehr entspricht. Solche Menschen können für sich selbst herausfinden, ob sie durch die Energie der Gruppe hinausgeworfen wurden oder ob sie selbst gewählt haben, die Gruppe zugunsten einer besseren Entwicklungschance zu verlassen. Dies kann durch das Beobachten ihrer eigenen Integrität, Schönheit und Ehrwürdigkeit in ihren neuen Beziehungen getan werden. Falls sie weniger strebend, unglücklicher, unnützer und weniger schön geworden sind – oder insbesondere, falls sie dem Verrat und dunklen Aktivitäten anheimgefallen sind – bedeutet dies, dass die vorherige Gruppe sie wie einen trockenen Ast eines Baumes abgeworfen hat.

Toleranz und Vergebung schafft Freunde und Mitarbeiter, wenn diese Tugenden in der richtigen Dosierung und auf intelligente Weise eingesetzt werden. Bevor du jemand anderen verurteilst, ist es sehr gut, nach Dingen in dir selbst zu suchen, die verdammt werden sollten. Es ist wichtig, Menschen zu helfen, in den Rhythmus der Gruppe zu kommen, sodass sie rhythmischer und effizienter wird. Oftmals ist es für Menschen aus vielerlei Gründen nötig, sich von bestimmten Gruppen fernzuhalten, aber sie dürfen nicht vergessen, dass Entwicklung und Fortschritt nur durch Gruppenarbeit, Kooperation und Disziplin möglich sind.

7. **Gruppenmitglieder müssen eine tiefergehende Sensitivität gegenüber der Führerschaft der Gruppe im Lichte des Gruppenzieles kultivieren.** Dies ist ein extrem wichtiger Punkt.

Zu allererst lasst uns klarstellen, dass jede wahre Führerschaft keinen Druck ausübt, um Mitglieder sensitiv für sie zu machen. Stattdessen nutzt Führerschaft die Prinzipien von Freiheit und versucht, Menschen die Wichtigkeit der Sensitivität gegenüber Gruppenführerschaft zu unterrichten.

Wenn ein Mensch seinen Arm und seine Finger bewegen möchte und sie nicht gehorchen, bedeutet dies, dass er ernsthaft krank ist. Der „Befehlshaber" in einer Person oder einer Gruppe muss die Macht haben zu führen, zu lenken, anzuraten und sogar zu disziplinieren, indem er die Prinzipien von Erziehung, Führung und Freiheit anwendet, andernfalls wird sich die Person oder Gruppe auflösen und verschwinden.

Wir nennen es „Chaos", wenn sich Elemente eines größeren Ganzen nicht in Harmonie miteinander befinden und sich der zentralen Führerschaft nicht bewusst sind. Unglücklicherweise können Menschen nicht verstehen, dass Demokratie nicht Anarchie bedeutet. Wirkliche Demokratie kann nur erreicht werden, wenn ein Sinn für Verantwortung und Gruppenbewusstsein entwickelt wurde. Eine wirkliche Demokratie ist eine Symphonie in der jede Note ihren richtigen Platz hat, richtige Freiheit, richtige Arbeit und richtigen Rhythmus.

In meiner Zeit in einem Kloster lernte ich eine ausgeprägte Sensitivität für meinen Lehrer zu entwickeln. Ich wusste genau, wann er eine Tasse Wasser benötigte, wann er Stift und Papier brauchte, wann er in den Garten gehen oder etwas essen wollte. Durch seine Stimme, seinen Gesichtsausdruck und durch sein subtiles Verhalten wusste ich genau, was er wollte. Ich war so sensitiv, dass ich manchmal fast seine Gedanken hören konnte und tat Dinge für ihn, bevor er fragen konnte.

Die Augen meines Lehrers hatten eine spezielle Sprache, die ich erlernte. Bestimmte Blicke bedeuteten, sich zu benehmen; andere Blicke bedeuteten, „Sei vorsichtig", „Sei wachsam" oder „Du kannst es tun, wenn du es wagst" und „Stopp", „Gib eine Chance" „Ich bin enttäuscht, aber ich habe immer noch Hoffnung"; und so weiter. Aufgrund der Entwicklung meiner Sensitivität wurde ich in jungen Jahren gefördert.

Sensitivität führt uns zu höheren Bewusstseinsebenen, wo wir sogar einen noch größeren Dienst für die Gruppe erbringen können. Selbstverständlich beziehen wir uns nicht auf Unterwürfigkeit. Ein wahrer Führer verhindert auf jeden Fall das Desaster von Unterwürfigkeit. Stattdessen entwickelt er Bereitwilligkeit, Sensitivität und wahre Unterscheidungsfähigkeit in den Mitgliedern.

Wenn wir über Führerschaft sprechen, denken Menschen oft an Personen, die für eine Gruppe verantwortlich sind. In Wirklichkeit ist Führerschaft ein Ziel, ein PLAN und eine ABSICHT, von jedem Führer unterbreitet, für das Wohlergehen aller.

8. **Gruppenmitglieder müssen die Freude der anderen in der Gruppe verstärken.** Wenn unsere Handlungen und Worte irgendeine Bedrängnis, Schmerz, Leid, oder Kummer für andere verursachen, müssen wir solche Handlungen unterlassen. Sie werden

unser Leben erschweren und uns zu Separatismus, Egoismus, Eitelkeit und Depression führen. Jedes Gruppenmitglied muss sich selbst prüfen, indem es sich fragt, „Wie kann ich denken, wie kann ich sprechen, wie kann ich mich benehmen, so dass ich die Freude anderer Mitglieder verstärke?"

Nur in einer freudvollen Atmosphäre werden große Werke vollbracht und Gruppenbewusstsein entwickelt. Freude zieht höhere Eindrücke und Eingebungen von erhabenen Sphären von Licht an. Freude wächst, wenn jedes Mitglied der Gruppe seiner Verantwortung nachkommt und von Schuldgefühlen aufgrund falschen Verhaltens frei ist.

Kapitel 2

Bewusstsein und Gruppenbewusstsein

Bewusstsein ist das Gewahrsein anderer. **Gruppenbewusstsein** ist das Gewahrsein deines wahren SELBST, das in anderen existiert und des wahren SELBST anderer, das in dir existiert.

Was meinen wir mit „anderen"? „Andere" bezieht sich auf deine physischen, emotionalen und mentalen Körper; deine Familie und deine Nation; genauso wie auf die ganze NATUR, den Planeten, das Sonnensystem, die Galaxie und den KOSMOS.

Bewusstsein ist das Gewahrsein der Existenz „anderer". Aber Gruppenbewusstsein ist das Gewahrsein der Existenz des EINEN SELBST in all diesen „anderen".

Manche unterliegen der Illusion, dass bloß das Zusammenbringen von Menschen eine Gruppe formt. Allerdings sind die meisten Menschen nicht bereit, Mitglied einer wirklichen Gruppe zu werden. Sie benötigen eine lange Zeitspanne voller Leid und Schmerz, um ihre Kristallisationen und ihre Neigung, sich selbst zu isolieren, zu durchbrechen.

Kristallisiert sein bedeutet, in einer überholten Art zu denken, zu sein, zu fühlen und zu handeln festzustecken. Eine kristallisierte Person muss sich der Kur, die die NATUR für ihre Krankheit vorgibt, unterziehen. Die NATUR hat viele verschiedene Wege, solche Menschen in größere Sphären des Bewusstseins einzuführen. Für eine kristallisierte Person ist einer davon, mit einer fortgeschrittenen Person in Kontakt zu kommen. Die letztere wird oft von der ersteren zunächst schlechtgemacht und verleumdet. Doch das Ergebnis ist, dass die fortgeschrittene Person beginnen wird zu beten und erhabene Gedanken über den Verleumder zu denken und so diesem Personentyp genug Treibstoff für den Durchbruch gibt. Selbstverständlich tritt solch eine Transformation nicht über Nacht auf und kann viele dramatische Phasen durchlaufen.

Ein anderer Weg, Kristallisationen aufzubrechen, beinhaltet, dass eine Person sich vielen Problemen stellen muss, die nur durch eine fortschrittliche Haltung gelöst werden können.

Wieder ein anderer Weg ergibt sich, wenn eine kristallisierte Person schwierigen Situationen ausgesetzt ist, wie z.B. dem Verlust eines geliebten Menschen oder dem Erleiden einer unheilbaren Krankheit. Die Person muss dann nach Wegen suchen, sich diesen Verlusten zu stellen und beginnt sich so zu verändern.

Auf einem vierten Weg ist eine Person durch verschiedene Lebenssituationen gezwungen, anderen den Nutzen zu vermitteln, offen und fortschrittlich zu sein und sie lernt dadurch all das selbst, was sie den anderen lehrt.

Dies sind Wege, wie eine Person reift und lernt, was es bedeutet, in einer fortschrittlichen Art und Weise zu denken und ein wachsendes Bewusstsein zu haben.

Menschen können nicht dazu gezwungen werden, Gruppenbewusstsein zu erlangen oder Mitglied einer Gruppe zu werden. Wenn Menschen gezwungen werden, Gruppen zu bilden oder Mitglieder von Gruppen zu werden, werden sie der Gemeinschaft ewig Kopfschmerzen bereiten. Jeder Anwärter für eine Gruppe muss heranreifen, bevor er ein Mitglied wird, denn wenn er nicht bereit ist, wird er, da die Gruppe alle seine schlummernden Untugenden hervorruft, in der Flut dieser Untugenden ertrinken.

Die wichtigste Weisheit, die es gilt der Menschheit zu lehren, ist die Wissenschaft des Gruppenbewusstseins, angefangen mit unseren Kindern in der Grundschule und weiter in den Oberschulen und Universitäten, in Gruppen, Kirchen und Nationen. Es ist die Wissenschaft des Gruppenbewusstseins, die die Menschen auf universellen Frieden, Harmonie und Zusammenarbeit vorbereiten wird.

Einst wurden mir zehn Jungen unterstellt, eine Steinmauer zu errichten. Wir begannen zunächst, Mörtel zu benutzen, um die Steine ordentlich zusammenzuhalten. Aber als der Tag voranschritt und wir lernten, wie die Steine aufeinanderzusetzen sind, kam mir die kuriose Idee, dass wir den Mörtel gar nicht bräuchten und wir die Mauer schneller hochziehen könnten, wenn wir die Steine einfach aufeinandersetzen würden, ohne den Mörtel zu benutzen. Unglücklicherweise stimmten mir die Jungen zu.

Die Wand wurde höher und höher – doch plötzlich brach sie mit einem gewaltigen Krach zusammen. Der Lehrer kam und fragte, „Was ist passiert?" Die einzig logische Antwort war, „Sie viel auseinander."

Wenn die Menschenrasse die Wissenschaft des Gruppenbewusstseins nicht erlernt und anwendet, um eine Menschheit zu bilden, wird sie auseinanderfallen und aus dieser Welt verschwinden.

Diejenigen, die gruppenbewusste Menschen sind, haben große Schwierigkeiten, in „Gruppen" zu funktionieren, die separatistisch sind und deren einzige Absicht es ist, andere Menschen auszubeuten. In der Zukunft werden Schüler vorbereitet sein, solchen zerstörerischen Gruppen auf spezielle Weise zu dienen und Gruppenbewusstsein in sie einzuführen, ohne gewaltsame Reaktionen hervorzurufen. Dies wird möglich sein, wenn der Schüler lernt, wie er mit den Seelen der Menschen kommuniziert statt mit ihren Persönlichkeiten.

In jedem menschlichen Wesen gibt es eine Präsenz GÖTTLICHEN BEWUSSTSEINS, begraben unter Stapeln von Verblendungen, Illusionen und Eitelkeiten. Aber es ist möglich, diese Göttlichkeit zu erreichen und sie zum Ausdruck zu bringen – wenn der richtige Schlüssel gefunden wird. Die Menschen, die dazu in der Lage sind, sind in hohem Maße von Mitgefühl, Opferwille, Toleranz und grenzenloser Inklusivität aufgeladen. Die Wirkmechanismen solcher Menschen rufen in all denen Reaktionen hervor, die in sich Elemente von Hass, Ärger, Angst, Neid, Gier, Rache und Verrat tragen.

Solche Menschen kommen mit der Absicht zu erlösen und zu dienen auf die Welt; nichts anderes ist für sie von Bedeutung. Gruppenbewusstsein ist so klar und intensiv in ihren Herzen verankert, dass sie in völliger Selbstvergessenheit, Harmlosigkeit und mit gerechter Sprache arbeiten. Selbstverständlich sind sie von Verrätern umgeben und werden von ihnen beobachtet, aber der Schild ihrer Liebe und ihr Opfergeist schützen sie vor dem Bösen, bis die Zeit kommt, fortzugehen, in Höhere Reiche für wichtigere Arbeiten.

Solche Helden transformieren nicht nur Einzelne und Gruppen, sondern auch große Menschenmassen und ebnen den Weg für zukünftige Entwicklungen. Sie werden Mitarbeiter der HÖCHSTEN.

Kapitel 3

Die Gruppe und das gemeinsame Ziel

Mitglieder einer jeden Gruppe müssen ein gemeinsames Ziel haben. Fünf Faktoren sind daran beteiligt:

1. Sie kennen sich selbst.
2. Sie kennen einander.
3. Sie kennen das gemeinsame Ziel.
4. Sie wissen, wie dieses Ziel erreicht wird.
5. Sie unterstützen, ermutigen und begeistern sich gegenseitig, dieses Ziel zu erreichen.

Es gibt keine Gruppe, wenn diese fünf Faktoren wirksam sind. Gruppenbewusstsein entwickelt sich um diese fünf Faktoren herum. Das heißt, wenn sie sich selbst besser kennen, haben sie mehr Gruppenbewusstsein; wenn sie sich gegenseitig besser kennen, verbessert sich ihr Gruppenbewusstsein; wenn sie ihr Ziel besser kennen, entwickelt sich das Gruppenbewusstsein; wenn sie wissen, wie sie ihr Ziel besser erreichen können, entfaltet sich Gruppenbewusstsein; und wenn sie sich gegenseitig unterstützen, ermutigen und begeistern, erweitert sich ihr Gruppenbewusstsein noch mehr und gedeiht.

Wenn die Mitglieder einer Gruppe die Dimension oder die Ebene ihres Gruppenbewusstseins ändern wollen, müssen sie die Gruppenziele erhöhen. Zum Beispiel muss ein Ziel, das in seiner Natur physisch ist, zu einem emotionalen Ziel erhöht werden, dann zu einem mentalen, INTUITIVEN und ATMISCHEN Ziel, oder zu einem nationalen, globalen und solaren Ziel und so weiter. In dem Maße wie eine Gruppe das Niveau ihres Zieles anhebt, müssen die Mitglieder der Gruppe mehr Informationen und ein tieferes Verständnis bezüglich der Ebene haben, auf der sie arbeiten. Wenn sie auf der physischen Ebene arbeiten, müssen sie sich so kennen, wie sie auf der physischen Ebene sind. Wenn sie auf der emotionalen, mentalen oder INTUITIVEN Ebene arbeiten, müssen sie ganz genau wissen, was sie auf diesen Ebenen sind.

Das gleiche gilt für die anderen Faktoren, die mit der Zielsetzung in Beziehung stehen: Mitglieder müssen sich auf der jeweiligen Ebene, auf der sie arbeiten, gegenseitig kennen; sie müssen wissen, was ihr Ziel auf dieser Ebene ist; sie müssen wissen, wie das Ziel auf dieser Ebene zu erreichen ist, und sie müssen sich gegenseitig unterstützen, ermutigen und begeistern, um das Ziel auf dieser Ebene zu erreichen. Wenn sie in eine Ebene nach der anderen vordringen, oder von einem Feld in ein größeres Feld voranschreiten, stehen sie einer zweifachen Herausforderung gegenüber:

a. mehr zu wissen, mehr zu sein, mehr zu arbeiten
b. ihr Bewusstsein mehr zu erweitern, um miteinander Schritt zu halten.

Eine zweite Phase der Erweiterung beginnt, wenn sich eine Gruppe mit einer anderen in Integration und Zusammenarbeit verbindet, basierend auf den oben genannten fünf Faktoren.

Es gibt sogar noch einen weiteren Schritt vorwärts in der Entwicklung des Gruppenbewusstseins. Hierbei schließt sich eine Gruppe mit einer anderen zusammen, die dasselbe Ziel hat und die auf der astralen, mentalen, INTUITIVEN und auf HÖHEREN EBENEN arbeitet, um das Ziel auf allen Ebenen gleichzeitig zu verwirklichen.

Dies ist eine große Leistung; in diesem Stadium ist die Gruppe zu einer lebenden Wesenheit geworden.

Wir sehen, dass sich das Bewusstsein eines Einzelnen und einer Gruppe langsam erweitert, wenn diese Person oder Gruppe auf immer höheren Ebenen wirkt und größere Kreativität, Disziplin, Sensitivität und Pünktlichkeit auf den aufeinanderfolgenden höheren Ebenen ausübt.

Wenn eine Gruppe wächst und stärker wird, zieht sie mehr Widerstände von den Mächten des Chaos an. Diese Mächte werden die Gruppe mithilfe ihrer Vertreter zu zerstören suchen, indem sie die Gruppe egoistisch, selbstbezogen und separatistisch machen. Doch solche Widerstände arbeiten unter einem Gesetz, dem GESETZ des KARMA. Zuerst stellt Widerstand die Integrität der Gruppe auf die Probe und macht sie stärker. Als zweites zieht sie unfeines Material und Personen in die Gruppe, die dann in das Gruppenwesen integriert werden. Folglich hilft Widerstand der Gruppe zu wachsen, einen größeren Dienst zu leisten, und in all ihren Facetten und all ihren Aktivitäten wacher und aufmerksamer zu werden.

Wir müssen erinnern, dass eine Gruppe auf immer größeren Widerstand stößt, wenn sie auf immer höhere Ebenen steigt, und dass es diese Widerstände sind, die tiefere, kreative Energie aus dem Kern der Gruppe hervorziehen. Die Absicht der Evolution ist es, Gruppen mit immer größerem Bewusstsein zu entwickeln.

Man mag sich fragen, was die Unterschiede sind zwischen Gruppen, die destruktiv und denen, die konstruktiv und kreativ sind. Im Grunde genommen gibt es nur zwei Unterschiede: ihre Ziele und ihre Fähigkeit, sich mit höheren Gruppen auf höheren Ebenen zu verbinden.

Zerstörerische Gruppen können sich selbst nicht über die niedere mentale Ebene hinaus erheben, wohingegen konstruktive

Gruppen ewig voranschreiten können, Ebene für Ebene. Während zerstörerische Gruppen sich gegenseitig als Quelle für Nahrung und Ermutigung nutzen, um Dunkelheit, Verbrechen und Klüfte zu vergrößern, nähren sich kreative Gruppen von höheren Visionen und höheren Energiequellen.

Die Ziele zerstörerischer Gruppen gründen auf Eigennutz. Die Ziele konstruktiver Gruppen gründen auf Gruppeninteresse, Gruppenfürsorge und Gruppenerfolg.

Zerstörerische Gruppen benutzen Schmerz, Tyrannei, Leid, Mord, Separatismus, Eitelkeit und Ego – in Unwissenheit über die höchste Göttlichkeit, die in jedem einzelnen existiert. Konstruktive Gruppen arbeiten mit Freude, Hingabe, Liebe, Freiheit, Einheit, und Erleuchtung und sind sich der gemeinsamen Göttlichkeit des EINEN SELBST, die in allem existiert, bewusst.

Wirkliche Gruppen – konstruktive Gruppen – sind schwieriger zu formen als andere Gruppen. Bei der Bildung einer wirklichen Gruppe muss jeder Einzelne Seelen-Bewusstsein haben. Eine wirkliche Gruppe ist wie ein Ring mit vielen Diamanten. Jeder Diamant muss so exakt wie möglich geschliffen und poliert werden, damit er neben den anderen passt. Die Mitglieder einer wirklichen Gruppe müssen in hohem Maße entwickelt sein, um Teil dieser Gruppe sein zu können.

Die Entwicklung von Gruppenbewusstsein ist ein wissenschaftlicher Prozess. Eine besondere Wissenschaft wird in Zukunft entwickelt werden, um Menschen darin anzuleiten und zu erziehen.

Manche Menschen denken, sich in Gruppenbewusstsein weiterzuentwickeln, bedeute, seine Individualität zu verlieren. Das ist eine große Illusion. Wahre Individualität wird nur geboren, wenn eine Person ihr Pseudo-Selbst aufgibt, ihre Masken und ihr künstliches, kosmetisches Persönlichkeitsbild.

Entwicklung zu Gruppenbewusstsein ist ein Prozess, bei dem du dich selbst von mechanischen Handlungen befreist und stattdessen eine bewusstere Person wirst, eine Person, die ihr eigenes Leben kontrolliert.

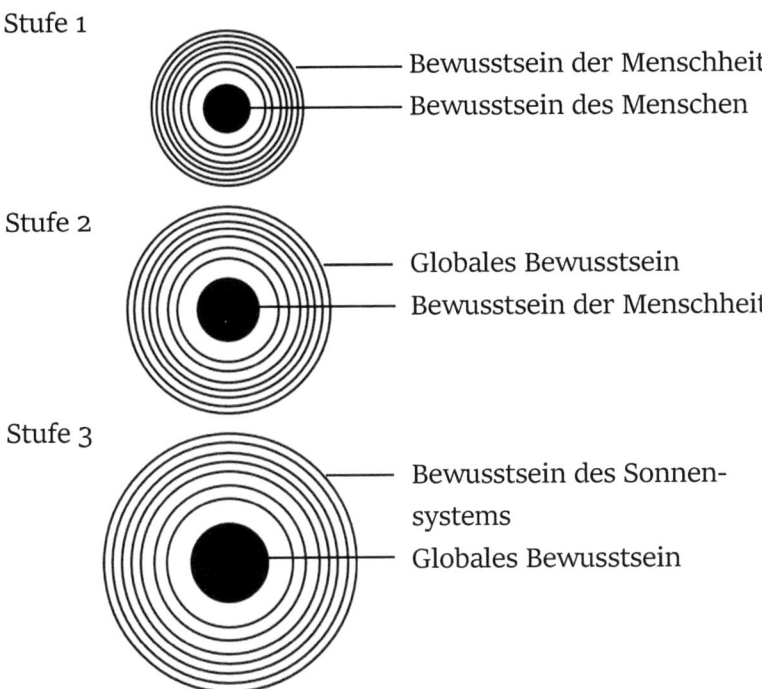

Diagramm A – Inklusives Bewusstsein

Wenn jemand seine Individualität findet, realisiert er, dass der KERN aller Individuen im Wesentlichen ein einziger ist – das EINE SELBST. Dieses Gewahrsein ist es, das dazu inspiriert, nach Gruppenbewusstsein zu streben. Nur im Gruppenbewusstsein findet der Einzelne sein wahres SELBST. Wenn sich das Feld des Bewusstseins erweitert, deckt es mehr Bewusstseinsbereiche ab. Wenn sich das

Bewusstseinsfeld einer Person erweitert, bezieht es in ihr Bewusstsein viele individuelle Bewusstseinsbereiche ein – ihr Denken erstreckt sich auf immer weitere Bereiche. (s. Diagramm A und B)

1 Atomares Bewusstsein

2 Pflanzliches Bewusstsein

3 Tierisches Bewusstsein

4 Individuelles Bewusstsein

5 Gruppenbewusstsein

6 Hierarchisches Gruppenbewusstsein

7 Planetarisches Gruppenbewusstsein

8 Solares Gruppenbewusstsein

9 Galaktisches Gruppenbewusstsein

Diagramm B – Inklusives und Gruppenbewusstsein
Eine wichtige Qualität im Gruppenbewusstsein ist das Element der Opferbereitschaft oder des Verzichtes. Gruppenbewusstsein

entwickelt sich Schritt für Schritt. Um einen Schritt zu tun, muss eine Person ihren Fuß von der Stelle, an der er haftet, anheben und ihn nach vorne, an eine neue Stelle setzen, eine neue Integration.

Zum Beispiel arbeitest du im ersten Schritt an dir selbst und machst aus dir einen heiligen Stein, um im zukünftigen Tempel benutzt zu werden. Im zweiten Schritt trittst du von einem eigennützigen, selbstbezogenen Leben zurück und fängst an, deine Interessen mit denen der Gruppen zu integrieren. Im dritten Schritt gibst du das Gruppeninteresse auf und vereinst dich mit den Interessen größerer Gruppen. Im vierten Schritt verzichtest du auf die Interessen der größeren Gruppe und beginnst, dich in die nationalen Interessen einzubinden. Im fünften Schritt gibst du die separatistischen, nationalen Interessen auf und bindest dich in die globalen Interessen ein.

Bei jedem Schritt verzichtest du, weil du siehst, dass deine wirklichen Interessen nur geschützt und entwickelt werden können, indem du dich mit größeren Gruppeninteressen vereinst.

Höhere Inspiration ist denen gegeben, die sich mit größeren Gruppen integrieren, die erhabenere Ziele erreichen wollen. Vergleiche beispielsweise eine Eichel mit einer großen Eiche. Die Eichel ist eine Ansammlung von Millionen von Mitarbeitern: Atome, chemische Stoffe und Elemente aus der Erde und der Luft, die zu einer Eiche werden mit tausenden von Zweigen und Blättern – und Eicheln. Eine Eichel strebt danach, zu einer Eiche zu werden um sich zu vervielfältigen. Wenn sie eine einzelne Eichel bliebe und sich nicht verknüpfen und größere Einheit entwickeln würde, ein höheres Gruppenbewusstsein, würde sie so bleiben, wie sie ist. Doch wegen ihres Strebens nach ihrem eigenen speziellen „Gruppenbewusstsein", vervielfältigt sie sich und wird fähig, einzelne Eicheln hervorzubringen, als Samen für große Gruppen in der Zukunft.

Weitere Schritte, um Gruppenbewusstsein zu entwickeln

Wir können Gruppenbewusstsein aufbauen, indem wir folgende Schritte nehmen.

1. Versuche, andere glücklich zu machen, ohne ihnen zu erlauben, dich auszunutzen.
2. Arbeite für die Erbauung, die Gesundheit, den Wohlstand und das Glück deiner Familienmitglieder, indem du Hingabe und Aufopferung übst.
3. Vergrößere deine Liebe für Gruppenmitglieder. Tratsche nicht über sie und verleumde sie nicht. Sprich mit hoher Achtung von ihnen. Tue alles, was möglich ist, um sie glücklich, gesund, erfolgreich und aufgeklärt zu machen.
4. Begehe keinen Verrat gegenüber irgendeinem Mitglied.
5. Nutze deine Zeit, dein Geld und deine Bemühungen, um die Gruppe zu befähigen, einen besseren Dienst zu leisten.
6. Entwickle ein Interesse an den Angelegenheiten deiner Nation. Lerne ihre Probleme kennen und finde heraus, wie du dich konstruktiv einbringen kannst.
7. Entwickle ein Interesse an den Angelegenheiten aller Nationen und sieh, wie du den Frieden in der Welt, die Zusammenarbeit zwischen den Nationen und rechte menschliche Beziehungen unter allen Menschen in der Welt voranbringen kannst.
8. Versuche, durch Meditation mit deiner SEELE in Kontakt zu kommen, denn deine SEELE ist gruppenbewusst.

9. Denke täglich über das EINE SELBST nach, von DEM alle Dinge kommen und zu DEM alle Dinge zurückkehren.
10. Kultiviere Bereitwilligkeit, die Gruppenbedürfnisse zu erfüllen. Bereitwilligkeit ist ein Seinszustand, in dem du das nötige Wissen, die nötigen Fähigkeiten, die nötigen Tugenden und die nötige Energie hast, das Gruppenbedürfnis zu erfüllen.

Intelligente Menschen sind nicht faul. Faule Menschen warten bloß darauf, dass sich eine Gelegenheit ergibt. Intelligente Menschen bereiten sich vor und erschaffen Gelegenheiten, um zu dienen. Jede Person muss danach streben, mehr Effizienz zu erreichen, um die immer größeren und zunehmenden Bedürfnisse einer sich entwickelnden Gruppe zu erfüllen. Alles, was stillsteht, geht in einen Prozess des Verfalls und der Stagnation über.

In Zukunft wird die Größe des Einzelnen, von Gruppen und Nationen an ihren Bemühungen um größere Einheit und Synthese durch Gruppenbewusstsein gemessen werden. Die größten Helden werden diejenigen sein, die Einheit und Synthese bringen und dadurch den Alptraum von Blut, Kriegsführung und Leiden der Menschheit ausmerzen werden, der auf diesem Planeten seit Jahrhunderten anhält.

Wenn sich das Bewusstsein einer Person erweitert, erlebt sie

- mehr Gesundheit
- mehr Glück
- mehr Wohlstand
- mehr Verstehen
- mehr Kraft und Macht
- eine höhere Lebensdauer

Gruppenbewusstsein befähigt eine Person aufzublühen und für die Bedürfnisse der Menschheit beizutragen. Im Gruppenbewusstsein gibt es eine Gruppenseele, die die Handlungen aller Individuen synchronisiert und sie zu einer Gruppenabsicht führt.

Wenn du die Qualitäten von Gruppenbewusstsein erörterst, bedenke ernsthaft das Folgende:

1. *Wie eine Zelle zu einem Teil eines beliebigen Organes des Körpers und dann zum Körper wird, wird eine Person Mitglied einer Gruppe, entwickelt Gruppenbewusstsein und wird dann die Gruppe.*

Ein Gruppenmitglied muss bis zu einem solchen Grad Gruppenbewusstsein entwickeln, dass es den Schmerz, den Kummer, das Scheitern, die Freude und den Erfolg der anderen so fühlt, als wären es ihre eigenen. Diplome, soziale Positionen, Einfluss und Reichtum haben nur einen Wert, wenn eine Person ein bewusster Teil der Gruppe sein kann und Gruppenbewusstsein entwickelt hat.

Verschiedene Gattungen, Rassen und Völker sind von der Erde verschwunden, weil sie irgendwo, irgendwie das Gesetz des Gruppenbewusstseins missachteten. Die Natur recycelt und eliminiert all jene Formen, die sich nur mangelhaft zu Gruppenbewusstsein entwickeln.

Eine Gruppe wird für einen höheren Grund erschaffen – um Einheit und Synthese aufzubauen, indem sie neue Elemente aufnimmt und sie dazu bewegt, die ihnen innewohnenden Möglichkeiten freizusetzen. Einzelpersonen müssen Gruppen formen und Gruppen größere Gruppen, bis alle Gruppen zu einer Menschheit werden, mit einem globalen Bewusstsein.

Auf diese Weise kann zukünftiger Schmerz, Leid und Zerstörung von unserem Planeten eliminiert werden. Alle Ressourcen des Globus können dann dazu benutzt werden, die Menschheit zu noch höheren Stadien des Bewusstseins zu führen.

2. *Individuelles Wachstum und Effizienz sind nicht möglich, ohne Gruppenbewusstsein zu entwickeln und als Teil des Gruppenbewusstseins zu handeln, als ob man ein Ast an einem lebenden Baum wird.*

Wenn die Zelle im Körper eine abgetrennte Zelle bliebe, würde sie nicht an den Gefühlen, Gedanken, Visionen, Offenbarungen, Freuden und an der Begeisterung des „Kommandanten" teilhaben. In ähnlicher Weise wird eine Person, wenn sie eine separate Person bleibt und versucht, sich zu distanzieren, nicht die Freude, die Begeisterung, die Mühe, das Streben, die Schönheit, die Gefühle, die Gedanken und die Visionen der Gruppe oder Nation teilen. Wenn sie alleine bleibt, wird die Zelle oder die Person um größere Mühen gebracht, und so die Möglichkeit verlieren, Gruppenbewusstsein zu entwickeln – was ihr Schicksal ist.

Wenn eine Zelle an den Aktivitäten und Gefühlen, Gedanken und Visionen eines größeren Ganzen teilhat, entfaltet sie sich, entwickelt sich und betritt den Pfad der Vervollkommnung. Wenn sie jedoch isoliert bleibt, degeneriert sie und verschwindet. Das gleiche gilt für eine Einzelperson.

Man mag sich fragen, warum es in der NATUR solch eine Tendenz zur Gruppenbildung und zum Gruppenbewusstsein gibt. Das ist so, weil das EINE SELBST versucht, sich durch alle Teile der Schöpfung zu manifestieren und die Teile innerhalb der Sphäre SEINER ABSICHT zu synthetisieren und zu vereinen. Das EINE SELBST offenbart SICH SELBST nach und nach in der gesamten Manifestation als EINE WE-

SENHEIT– genauso wie der GEIST eines Menschen versucht, die Zellen und Atome einzusammeln, um die verschiedenen Körper aufzubauen, durch die ER SEINE Glorie enthüllt.

CHRISTUS bezog sich auf die Ideen der Offenbarung und der Einheit als ER sagte: „Ich bin die wahre Weinrebe und mein VATER ist der Weingärtner. ER entfernt jeden meiner Äste, die keine Früchte tragen, und ER säubert jeden tragenden Ast, auf dass er noch mehr üppige und bessere Früchte tragen möge ... und die vertrockneten Zweige werden gesammelt und ins Feuer geworfen, wo sie verbrannt werden." *(Johannes 1, Vers 15: 1-3, 6)*. Ein Zweig trägt keine Früchte, wenn er, in einem unglücklichen Augenblick, entscheidet, nicht länger Teil des lebenden Baumes zu sein. Wenn sich ein Ast vom Baum trennt, übernimmt der Teufel und lässt diesen Ast so weit vertrocknen, wie möglich, damit er für das Feuer gebraucht werden kann.

3. Zunehmende und fortschreitende Gruppenbeziehungen entwickeln verschiedene Teile des Seins einer Person und helfen ihr, effizienter zu werden.

4. Mitgliedschaft in einer Gruppe erlegt einer Person unterschiedliche Grade von Verantwortung auf. Das einzige, was der Person hilft, die Vervollkommnung ihrer Seele zu erreichen, ist sich der Verantwortung zu verpflichten.

Gruppenbewusstsein wird auf einer nationalen Ebene wirken, wenn unterschiedliche Abteilungen oder Parteien der Nation sich dem höchsten Gut dieser Nation hingeben. Gruppenbewusstsein wird in der Menschheit wirken, wenn alle Nationen die Interessen der Menschheit höher halten als jedes nationale Interesse.

Später wird solch ein Bewusstsein einer vereinten Menschheit mit dem Bewusstsein der HIERARCHIE und SHAMBALLA verschmelzen und sich dann in globales, solares und galaktisches Bewusstsein verwandeln – vergleichbar mit einer kleinen Firma, die zu einem großen Weltkonzern wird.

Schließlich werden wir verstehen, dass es vorteilhafter ist, sich als Mitglied einer Familie zu sehen statt als Einzelperson; als Teil einer Gruppe, statt nur als Familie; als Mitglied einer Nation statt bloß einer Gruppe; als Menschheit eher denn als eine Nation.

# Kapitel 4

Das Gesetz der Zusammenarbeit

Zusammenarbeit ist ein KOSMISCHES Gesetz, das im UNIVERSUM wirkt, um den Aufbau aller Lebensformen durchzuführen und sie ihrem höchsten Zweck zuzuführen. Es ist das Gesetz von Kreativität, Evolution und Erfolg.

Es wird uns gesagt, dass dieses Gesetz auf jeder Ebene für jede Lebensform wirkt, individuell und für alle Ebenen gemeinsam, indem es alle Lebensformen zueinander und zu ihren gemeinsamen und höheren Entsprechungen in Beziehung setzt. Dieses Gesetz wirkt als Überlebensinstinkt, als Verbundenheit und Beziehung, und nach und nach als ein Prozess des Gruppenbewusstseins.

Das GESETZ der ZUSAMMENARBEIT entzündet das Feuer in jedem Atom, in jeder Zelle, in jeder Lebensform; in jedem menschlichen Wesen, jeder Gruppe, jeder Nation; und in jedem Stern. Es befähigt jede Form, damit fortzufahren, Zusammenarbeit in immer größeren Bereichen der Existenz zu etablieren, das individuelle und das Gruppen-Überleben jedes Wesens sicherzustellen und das Potential, das jedem innewohnt, freizusetzen.

Das GESETZ der ZUSAMMENARBEIT ist das Gesetz von Dasein, Gesundheit, Glück, Erfolg, Erleuchtung und Sicherheit. Jede Form der Zerstörung oder Desintegration wird durch den Rückzug des GESETZES der ZUSAMMENARBEIT verursacht. Hass, Feindseligkeit, Separatismus, Selbst-Interesse und Habgier sind Anzeichen für Degeneration und das Fehlen des GESETZES der ZUSAMMENARBEIT.

Das GESETZ der ZUSAMMENARBEIT kann aktiviert oder zurückgewiesen werden. Zurückweisung des GESETZES der ZUSAMMENARBEIT führt zu Leid, Schmerz und Tod. Für Einzelpersonen, Gruppen und Nationen sind das Studium und die Anwendung dieses Gesetzes lebensnotwendig.

Die Geschichte muss unter dem Aspekt der Existenz und des Wirkens oder dem Fehlen des GESETZES der ZUSAMMENARBEIT betrachtet werden. Alle Durchbrüche wurden erreicht, alle großen Kulturen und Zivilisationen wurden geboren, durch die Reaktion auf das GESETZ der ZUSAMMENARBEIT. Umgekehrt begegnen uns Elend, Schmerz, Leid, Blutvergießen, Zerstörung und Tod als Folge fehlender Zusammenarbeit.

Etwas über das GESETZ der ZUSAMMENARBEIT zu lernen und es auf unser individuelles Leben anzuwenden – zu Hause, in unserer Familie, im Büro, in unserer Gruppe oder Kirche – oder in unserem nationalen oder internationalen Leben, wird jedem von uns persönlich und ebenso denen, die mit uns verbunden sind, Erfolg, Gesundheit, Glück, und eine Erweiterung des Bewusstseins bringen. Das Studium der Lebensgeschichte von Einzelnen, Gruppen und Nationen zeigt deutlich, auf welche Weise das Vorankommen dieser Einheiten das Ergebnis von Zusammenarbeit war.

Mit was genau sollten wir zusammenarbeiten? Hier sind einige Vorschläge:

- Zusammenarbeit mit dem Gesetz selbst.
- Zusammenarbeit mit Kräften und Energien des UNIVERSUMS.
- Zusammenarbeit mit der NATUR und IHREN Gesetzen.
- Zusammenarbeit mit den Reichen unter und über der Menschheit.

- Zusammenarbeit mit der Welt der Ideen, Visionen und Offenbarungen.
- Zusammenarbeit mit Einzelpersonen, Gruppen und Nationen.
- Zusammenarbeit mit dem eigenen INNEREN FÜHRER und LEHRER.
- Zusammenarbeit mit der Weisheit der Zeitalter.
- Zusammenarbeit mit SCHÖNHEIT, GÜTE, RECHTSCHAFFENHEIT, FREUDE und FREIHEIT.
- Zusammenarbeit mit Gruppenvision.
- Zusammenarbeit mit allen Lebensformen und den Lichtströmen, die sie kreativ machen.
- Zusammenarbeit mit den nationalen und internationalen Gesetzen und Bräuchen.

Das GESETZ der ZUSAMMENARBEIT soll nicht angewandt werden, um das eigene Überleben und Glück, den eigenen Wohlstand und Erfolg auf Kosten anderer Lebensformen sicherzustellen, sondern es sollte mit einem ganzheitlichen Blick ausgeübt werden: um das Wohlergehen, die Gesundheit, das Glück, den Erfolg und den Wohlstand all jener Einheiten zu sichern, die in der gemeinsamen Arbeit engagiert sind.

Je mehr eine Person zusammenarbeitet, desto mehr befreit sie ihre Natur von all jenen Elementen, die ihr Unglück, Schmerz und Leid verursachen, und desto mehr kann sie mit den Gruppeninteressen verschmelzen und freudig den Verlust ihrer Persönlichkeitsinteressen erfahren.

Jede „Zusammenarbeit", die nur für Selbst-Interesse entwickelt wird, ist eine Technik der Ausbeutung, die eine Person in Konflikt mit dem GESETZ der ZUSAMMENARBEIT bringen wird. Ein Konflikt mit diesem Gesetz resultiert in Misserfolg, Schmerz und Leid.

Alle Visionen legen nahe, dass es eine Verbindung zwischen dem Leben auf der physischen Ebene und dem JENSEITS gibt. Zusammenarbeit ist eine Frage davon, eine Vision zu haben und davon, sich selbst dieser Vision zusammen mit all jenen zu widmen, die die gleiche oder eine ähnliche Vision haben.

Anführer spielen eine sehr wichtige Rolle dabei, Zusammenarbeit und Gruppenbewusstsein voran zu treiben. Anführer müssen der Öffentlichkeit eine Vision anbieten und sie bezüglich des Nutzens unterrichten, mit denen zusammenzuarbeiten, die eine ähnliche Vision haben. Wenn die Menschen verstehen, welch großen Segen Zusammenarbeit bringen kann, werden sie freudig zusammenarbeiten wollen. Es muss in den Köpfen aller deutlich werden, dass Zusammenarbeit der Königsweg zu Glück, Gesundheit, Wohlstand und Erleuchtung ist. Eine Wissenschaft der Zusammenarbeit muss den Menschen von Kindheit an beigebracht und bis ins Erwachsenenalter weitergeführt werden. Es muss allen klar sein, dass Zusammenarbeit eine Wissenschaft ist, die die Psychologie der Auseinandersetzung und Feindseligkeit, des Kampfes, Krieges und Blutvergießens ersetzen kann.

Wir können diesen Prozess in Gang setzen, indem wir über diese Wissenschaft schreiben und sprechen, und dann ihren praktischen Wert durch Filme, Theaterstücke, Diskussionen und verschiedene Publikationen aufzeigen. Das Leben wird sich gravierend verändern, wenn Menschen lernen, wie man zusammenarbeitet.

Menschen denken, dass Anführer nicht bestehen können, wenn sie ihren Willen nicht durchsetzen. Die Geschichte beweist das Gegenteil. Alle Anführer, die versuchten, anderen ihren Willen aufzuzwingen, verschwanden unter schmerzlichen Bedingungen.

Wahre Führerschaft beinhaltet die Techniken des

- Herausforderns
- Inspirierens
- Unterrichtens
- Aufklärens
- Ermutigens.

Wahre Führerschaft nutzt keine Angst, um andere zu kontrollieren, weil sie weiß, dass kontrollierte, unterdrückte und bedrängte Menschen ernsthafte Gesundheitsprobleme entwickeln; sie verlieren ihre Kreativität, Effizienz, Freude und ihre Quellen der Inspiration. Wenn eine Führung Menschen furchtsam, krank, unglücklich, verrückt und depressiv macht, kann sie keine nachhaltigen Erfolge erwarten.

Je gesünder Menschen sind, desto härter arbeiten sie. Freudvolle Menschen engagieren sich in der Arbeit mit einem Geist der Hoffnung auf die Zukunft. Je mehr sie arbeiten und kooperieren, desto effizienter werden sie. Mitarbeiter müssen in Freiheit arbeiten, ohne Druck. Freiheit macht uns kreativer.

Die Führung, die erfolgreich sein will, wird nie Druck auf Menschen ausüben oder sie durch Angst zum Handeln drängen. Eine Versicherungsgesellschaft verkaufte Versicherungen im Wert von Millionen von Dollars an Menschen, indem sie Verkaufsstrategien einsetzte, die extrem stark mit Angst arbeiteten. Fünf Jahre später meldete die Gesellschaft Insolvenz an, da die meisten ihrer Versicherten ernsthafte Krankheiten entwickelt hatten, für die sie aufkommen musste. Im Mittleren Osten sagt man dazu „am Ast sägen, auf dem man sitzt".

Es gibt zwei Arten von Zusammenarbeit. Die erste Art ist Zusammenarbeit für das Eigeninteresse; die Zweite ist Zusammenarbeit im Interesse aller. Zusammenarbeit für das Eigeninteresse endet mit Scheitern. Zusammenarbeit im Interesse aller Beteiligten führt zu Gesundheit, Glück, Wohlstand und Weisheit für alle. Wenn wir über Zusammenarbeit sprechen, beziehen wir uns auf die zweite Definition.

Zusammenarbeit ist ewig-fortschreitende Inklusivität im Interesse aller beteiligten Parteien. Jedes Mal, wenn es uns misslingt, Zusammenarbeit zu etablieren, beweisen wir damit unser eigenes intellektuelles, spirituelles und moralisches Versagen.

Ein weiser Anführer, oder eine weise Führung muss versuchen, Wege zu finden, um zusammenzuarbeiten statt zu kämpfen. Anstrengungen und Aufwendungen für die Verwirklichung von Zusammenarbeit kosten weit weniger als solche, die nötig sind, um einen Kampf zu beginnen und fortzuführen. Wenn wir irgendeinen Krieg nehmen und ihn auf unparteiische Art analysieren, um herauszufinden, wo und wie Führer versagten zu kooperieren, und wie viel es kostete – an Geld, Leben, Gebäuden, und so weiter –, würden wir sehen, wie viel stattdessen hätte gespart werden können, wenn Mittel und Wege der Zusammenarbeit gefunden worden wären.

Es wurden viele kritische Abhandlungen über die Ursachen und die Führung von Kriegen geschrieben. Allerdings gibt es wahrscheinlich keine, die ein gegebenes Ereignis analysiert und aufgezeigt hätte, wie viel besser es gewesen wäre, wenn die kriegsführenden Parteien durch Zusammenarbeit vor dem Ausbruch der Feindseligkeiten zu einer Einigung gekommen wären.

Ein Ehepaar gab 50.000 Dollar für eine Scheidung aus. Fünf Jahre später heirateten sie einander ein zweites Mal. Dann kam ihnen in den Sinn, herauszufinden, wie viel sie hätten sparen können, wenn sie Schritte unternommen hätten, miteinander zu kooperieren. Die Gesamtkosten, die sich ergaben, beliefen sich auf 85.000 Dollar ganz zu schweigen von der gesteigerten Gereiztheit, der Ängstlichkeit und der schlaflosen Nächte. Ähnlich ist jedes Scheitern der Zusammenarbeit ein Beweis für das Fehlen von Weisheit; ein Beweis dafür, dass Menschen nicht genug danach forschen, Alternativen für Missverständnisse, Krieg und Blutvergießen zu finden.

Zusammenarbeit ist nicht möglich, wenn Menschen nur an ihr Eigen-Interesse denken, oder in der Furcht handeln, dass andere Parteien sie ausbeuten werden. Eine der Grundlagen für Zusammenarbeit ist gegenseitiges Vertrauen. Menschen müssen hart daran arbeiten, gegenseitiges Vertrauen aufzubauen. Wenn gegenseitiges Vertrauen aufgebaut ist, wird Zusammenarbeit ein selbstverständlicher Weg zu handeln.

Vertrauen aufzubauen erfordert Anstrengung und Opferbereitschaft. Deshalb denken Menschen manchmal, dass es sie mehr Zeit und Geld kostet, Vertrauen aufzubauen als zu kämpfen und ihre Differenzen durch Gewalt und Krieg zu lösen. Universitäten und spezielle Interessengruppen müssen Forschungsprojekte entwickeln, um zu sehen, ob das Bemühen, Vertrauen aufzubauen, mehr kostet als das Bemühen, das Problem im Kampf zu lösen.

Selbstverständlich mag in manchen Fällen Vertrauen teurer erscheinen als Kampf und Krieg, aber immerhin verliert man nicht sein Leben oder das Leben von geliebten Menschen, wenn man versucht Vertrauen aufzubauen. Was kann man genießen, wenn der Krieg zwar gewonnen, man aber tot ist?

Zusammenarbeit muss gepflegt werden für das Glück aller, die Gesundheit aller, für den Wohlstand aller und für die Erleuchtung aller. Zusammenarbeit kann nicht durch Erzwingen, Gewalt oder totalitäre Methoden kommen.

Menschen müssen eine Vision haben, die Vision verstehen und nach Mitteln und Wegen suchen, um diese Vision zu verwirklichen. Immer wenn Menschen andere zur Zusammenarbeit zwingen, erschaffen sie Klüfte in der Natur derer, die zu Zusammenarbeit gezwungen werden. Menschen mit Klüften in ihrer Natur zerstören früher oder später die Arbeit, in der sie zu Zusammenarbeit gezwungen wurden.

Harmonie durch Konflikt

Es gibt ein weiteres Gesetz, genannt das GESETZ VON HARMONIE DURCH KONFLIKT. Dieses Gesetz unterstützt das GESETZ der ZUSAMMENARBEIT. Egal wie tief ein Konflikt geht, er löst sich schließlich in Harmonie und Zusammenarbeit auf. Dies bedeutet selbstverständlich, dass das GESETZ der ZUSAMMENARBEIT ein dominantes Gesetz ist, vor allem auf dem Bogen der Evolution, auf dem der GEIST SEIN Gesicht nach HAUSE wendet.

Je tiefer eine Person in einen Konflikt involviert ist, desto größer wird ihr Streben nach Zusammenarbeit in der Zukunft sein. Die Zeitspanne zwischen dem Stadium des Konfliktes und dem der Zusammenarbeit wird die Brücke von Leid, Schmerz und Verbrechen genannt.

Menschen haben die Meinung, dass wenn sie in höhere soziale Positionen aufsteigen oder wenn sie höhere Einweihungen nehmen, sich ihre Last verringert und weniger Last auf ihren Schultern ruhen wird. Genau das Gegenteil ist der Fall. Je weiter entwickelt eine Person ist oder je höher die Einweihung ist, durch die sie geht, desto größer wird der Druck und die Last auf ihren Schultern.

Auf individueller Ebene hat eine Person ein paar Feinde, auf Gruppenebene werden die Feinde Gruppen. Auf nationaler Ebene sind die Feinde ganze Armeen. Wenn die Person auf höheren Ebenen Dienst tut, muss sie planetarische, solare, galaktische und kosmische Übel bekämpfen. Aus diesem Grund muss eine Person von Anfang an die Wissenschaft der Zusammenarbeit erlernen, um ihre Feinde zu bekämpfen, indem sie ihre Bemühungen mit ihren Mitarbeitern vereint und auch, indem sie Feinde zu Mitarbeitern macht.

Manchmal sehen Menschen, dass je mehr sie zusammenarbeiten wollen, desto größer die Widerstände derjenigen werden, die gegen Zusammenarbeit sind. Das ist ganz natürlich. Ein weiser Mensch kann aus einer solchen Situation Nutzen ziehen, indem er etwas über die Methoden lernt, die von den Feinden der Zusammenarbeit angewandt werden. Außerdem bauen solch unkooperativen Menschen normalerweise genug Druck auf, um mehr Schönheit, mehr Wachsamkeit, mehr Freude und mehr Mut aus dem KERN einer kooperativen Person hervorzurufen.

Es stimmt, dass wenn eine Person erst einmal auf den Geist der Zusammenarbeit ausgerichtet ist, ihr selbst die Steine unter ihren Füßen helfen, ihre Vision zu erreichen. Man muss erinnern, dass Mitarbeiter nicht nur auf der physischen Ebene existieren, sondern auch in den HÖHEREN WELTEN. Diese Mitarbeiter kooperieren unsichtbar mit uns und bringen uns verschiedene Arten von Hilfe, um unsere Aufgabe auf ERDEN zu erfüllen. Manchmal, wenn uns unsere sichtbaren Mitarbeiter verlassen, werden sie von unsichtbaren ersetzt. Plötzlich entdecken wir, dass die Abwesenheit der weltlichen Mitarbeiter uns in gewisser Weise geholfen hat, erfolgreich zu sein. Deshalb müssen wir oft unseren Dank für die unerwartete Hilfe aus HÖHEREN BEREICHEN zum Ausdruck bringen.

Jeder Anführer geht durch bestimmte Krisen, wenn er fühlt, dass seine Last zu schwer ist, um sie noch weiter zu tragen und er denkt darüber nach, aufzugeben und sich vom Kampfschauplatz zurückzuziehen. Aber dann empfängt er Inspiration von unsichtbaren Mitarbeitern, die ihn ermutigen, geduldig zu sein und sein Arbeitsfeld nicht zu verlassen.

Das größte Versagen eines Anführers in einer solchen Krise tritt dann auf, wenn er den Stimmen der Niederlage nachgibt. Aus diesem Grund formuliert eines der Gesetze der Führerschaft folgendes: „Verlasse nie das Schlachtfeld, selbst wenn es dich dein Leben kostet."

Wenn die Zahl der Mitarbeiter wächst, erschaffen sie ein elektrisches Feld der Transformation. Menschen mit falschen Motiven und unterschiedlichen Lastern erkennen oft eine Wandlung in ihren Herzen und Anzeichen der Transformation in sich, wenn sie mit diesem Feld in Kontakt kommen.

Wenn das Feld kraftvoller wird, zieht es größere Schlangen an, die gegen Transformation sind und beginnen, ihr zerstörerisches Werk auszuführen. Intelligente Anführer erkennen solche Menschen und nehmen sich oft die Zeit, ihnen zu helfen, in der Hoffnung, sie verändern zu können. Manchmal haben sie Erfolg; manchmal scheitern sie mit drastischen Konsequenzen. Manchmal scheinen große Führer weniger Mitarbeiter zu sammeln, als vielmehr Schlangen in menschliche Wesen zu verwandeln. Selbstverständlich kostet es manchmal ihr Leben, aber sie denken, dass eine Seele, die vor dem Zugriff des Bösen gerettet wurde, ein solch großes Opfer wert ist.

Es gibt eine wunderschöne Geschichte in der Buddhistischen Literatur über BUDDHA und SEINE Feinde. Als BUDDHA bereit war, ins

NIRWANA einzutreten, sagte ER: „Nun betrete ich NIRWANA. Die einzige Person, die MIR Sorgen bereitet, ist *König Ajatashatru*." *Bodhisattva Kashyapa* fragte: „HERR, DEIN MITGEFÜHL gilt der ganzen Menschheit. Warum machst DU DIR nur über *König Ajatashatru* Sorgen?" BUDDHA erwiderte: „Stell Dir vor, du hast sieben Kinder und eines von ihnen ist krank. Auch wenn du sechs Kinder hast, die gesund sind, machst du dir über das eine, das krank ist, Sorgen."

Eine andere Geschichte handelt von *König Bimbisara*, ein großer Förderer BUDDHAS, der im *Königreich Magatha* herrschte. Sein Sohn, *Prinz Ajatashatru*, ermordete ihn auf Rat eines bösen Freundes, *Devadata*, und machte *Devadata* zu seinem Ministerpräsidenten. *Devadata* war ein Cousin des BUDDHA, aber er war sein Todfeind.

Ajatashatru, nun ein König, trat bald den feindlichen Mächten bei, um den BUDDHISMUS zu verleumden, drangsalierte BUDDHA und tötete viele SEINER Schüler. Er brachte großes Unglück über sein Land. Heftige Stürme tobten Monat für Monat. Jahr für Jahr kam es zu Hungersnöten und Epidemien, die die Mehrheit der Menschen töteten; und sein Königreich wurde von benachbarten Armeen angegriffen. Selbst sein eigener physischer Körper war übersät von Wunden.

Folglich stand sein Königreich am Rande der totalen Katastrophe, als er plötzlich träumte, er würde sterben. Auf Rat seines Arztes und Ministers *Jivata* und auf sein eigenes Gewissen hörend, verließ *Ajatashatru Devadata* und ging zu BUDDHA, um seine Taten zu bereuen. BUDDHA heilte ihn. Wundersamer Weise endete die feindliche Invasion, Friede kam über das Land und er lebte noch vierzig Jahre trotz der Prophezeiung, die seinen bevorstehenden Tod vorausgesagt hatte. In Dankbarkeit versammelte er eintausend ARHATS, um alle UNTERWEISUNGEN BUDDHAS, besonders diejenigen, die als Lotus Sutra bekannt sind, aufzuzeichnen.

Wahre Führer wissen, dass wenn sie sich in sehr gefährlichen Situationen befinden, die NATURKRÄFTE den Diamanten zum Vorschein bringen, der in ihnen verborgen liegt. Aus diesem Grund beklagen sich weise Führer unter widrigen Bedingungen nicht, wenn „Schlangen" sie umzingeln und versuchen, ihre Arbeit zu untergraben und ihre Mitarbeiter zu zerstreuen. Sie wissen, dass solche Situationen notwendig sind, die Potentiale zu erwecken, die sonst inaktiv blieben.

Solch ein Anführer muss sogar dafür dankbar sein, dass die unausstehlichsten Menschen um ihn herum sind. Solche Menschen werden oft intuitiv angezogen, wissend, dass sie Heilung benötigen und sich darauf verlassend, dass der Führer sie nicht zurückweist. Selbstverständlich muss man in der Bemühung um Zusammenarbeit zwischen denen unterscheiden, die krank sind und denen, die ergebene Agenten des Bösen sind. Unsere größten Freunde sind diejenigen, die mit der Absicht zu uns kamen, unsere Arbeit zu zerstören, sich aber veränderten, als wir ihre Seele berührten.

Anführer haben auch große Freunde, die als Feinde getarnt zu ihnen kamen. Das sind diejenigen, die den Anführer angreifen und ihn kurz vor einer kritischen Zeit wachsam halten. Anführer hassen diese oft, erkennen später aber welch großen Dienst sie geleistet haben.

CHRISTUS riet SEINEN Schülern, „Seid so unschuldig wie Tauben und so weise wie Schlangen." Es gibt Momente in der Zusammenarbeit, wenn eine Person äußerst wachsam sein muss „so weise wie eine Schlange", um die Wege der Vergiftenden zu beobachten. Jede

Verzögerung im Handhaben der Situation kann viel Schmerz und Leid verursachen.

Selbstverständlich wissen Schlangen, wie sie sich hinter vielfarbigen Formen und Beziehungen verbergen können. Einmal sagte mein Lehrer, dass ein fortschrittlicher Anführer sogar giftige Schlangen nutzen kann, um die Feinde seiner Arbeit zu verjagen. Dies ist ein gefährliches Spiel, das nicht jeder Führer spielen kann. Anführer müssen lernen, sogar mit denen zusammenzuarbeiten, die noch nicht bereit sind, auf höheren Ebenen zu kooperieren.

Ein intelligenter Anführer kann mit einer bestimmten Seite einer Person zusammenarbeiten, während er die anderen Seiten unberührt lässt. Oder er kann ein paar Menschen zusammenbringen, um eine Arbeit so zu verrichten, dass sie die unerwünschten Seiten voneinander auslöschen und Faktoren hervorrufen, die ihnen allen zum Wohle gereichen. In der Wissenschaft der Zusammenarbeit kann fast alles zum GEMEINWOHL genutzt werden, wenn ein Anführer die Wissenschaft beherrscht.

Anführer, die Werke der Zusammenarbeit organisieren, werden beachtliche Feinde um sich haben. Eine Person mag zunächst als ein Anhänger erscheinen aber dann zum Verräter werden. Wie kommt es, dass sich Liebe und Anbetung in Hass, Verleumdung und Verrat verwandeln?

Wenn Liebe und Anbetung aus Egoismus auf die Persönlichkeit des Anführers ausgerichtet wird, hält die Liebe und Anbetung so lange an, wie der Anführer das Eigeninteresse bedient. Aber wenn der Anführer aufhört, das Eigeninteresse solch einer Person zu nähren, wendet sich die Person gegen ihn, weil sie den Anführer im Wesentlichen aus Egoismus anbetete. Wenn ihr Eigeninteresse nicht länger bedient wird, bleibt nichts zu lieben oder anzubeten übrig. Dann fangen Hass, Verleumdung und Verrat gegenüber dem

Anführer an, sich zu verbreiten, weil die Person, die den Anführer für gewöhnlich liebte und anbetete, nun denkt, dass er für das verlorene Eigeninteresse verantwortlich ist.

Anführer müssen extrem darauf bedacht sein, dass ihre Mitarbeiter und Anhänger keine Liebe oder Anbetung ihrer Persönlichkeit gegenüber entwickeln, um ihr Eigeninteresse zu sichern. Ein Anführer muss stattdessen versuchen, die Liebe und die Anbetung seiner Mitarbeiter auf die Vision zu lenken, für die er steht.

Kein Anführer kann fortwährend die zunehmenden Forderungen derjenigen befriedigen, die aus Egoismus mitarbeiten. Bevor diese Menschen eine Sympathie zu ihm aufbauen, muss der Anführer etwas unternehmen, um ihre Aufmerksamkeit auf die Vision zu lenken, auf die Arbeit, oder sie andernfalls aus der Ferne arbeiten lassen.

Verrat entsteht, wenn bestimmte Anhänger realisieren, dass sie den Anführer nicht länger manipulieren können, ihr Selbstinteresse zu sichern. Ein Anführer muss für die Anzeichen von Verrat aufmerksam werden, bevor es zu spät ist. Subtile Anzeichen sind unter anderem diese:

- Klagen
- Kritik
- Geschenke machen für einen Gefallen
- Ärger
- Reizbarkeit
- Unzufriedenheit

Ein weiser Anführer muss die Chance ergreifen und Menschen aufklären, oder sie vorsichtig isolieren, und wachsam für die Tatsache bleiben, dass er sie nicht über Nacht verändern kann. Eigeninteresse hat tiefe Wurzeln.

Alle menschlichen Errungenschaften sind das Ergebnis von Zusammenarbeit auf allen Gebieten menschlichen Bestrebens:

- Politik
- Erziehung
- Kommunikation
- Kunst
- Wissenschaft
- Religion
- Finanzen

Je mehr Zusammenarbeit wir haben, desto größer wird unser Erfolg sein. Je weniger Zusammenarbeit wir haben, desto größer wird unsere Spannung, unser Schmerz, Leid und Misserfolg sein. Deshalb ist es wichtig, dieses Gesetz zu studieren und es in unserem Leben anzuwenden.

Kapitel 5

Mitarbeiter und Prinzipien der Zusammenarbeit

Als ein GROßER LEHRER über Mitarbeiter sprach, sagte er: „...die Mitarbeiter, die in Selbstverleugnung wandeln, werden Sieger sein". (*Agni Yoga Society, Infinity II, Para. #55, 1930*)

Mitarbeiter sind nicht alle gleich. Es gibt diejenigen, die sich versammeln, um zu kämpfen oder um sich gegenseitig zu beschützen. Es gibt auch jene, die für ihr persönliches oder für ihr Gruppeninteresse kooperieren. Es gibt solche, die zusammenarbeiten, um andere zu unterdrücken oder um sie auszunutzen. Und dann gibt es eine vierte Gruppe von Mitarbeitern, die in Selbstverleugnung und im Dienen zusammenarbeiten. Diese Letzteren stellen die höchste Art von Mitarbeitern dar. Das bedeutet, dass sie nicht deshalb zusammenarbeiten, weil sie ein persönliches Interesse an der Arbeit haben, die getan wird. Sie arbeiten und kooperieren vielmehr, um das Gute, die Freude, die Freiheit, die Liebe und das Licht in der Welt zu vermehren. Derlei Mitarbeiter werden schließlich die „Sieger" sein:

Im Einklang mit dem KOSMISCHEN MAGNETEN voranschreitend, bist du dir des Sieges sicher. Ja. Ja. Ja!
(*Agni Yoga Society, Infinity II, Para. #55, 1930*)

Der wahre Sieg ist die Fähigkeit in Harmonie mit dem KOSMISCHEN MAGNETEN voranzuschreiten. Es ist nicht leicht, all die Ströme zu zerstreuen und zu bezwingen, die dich davon abhalten im Einklang mit dem KOSMISCHEN MAGNETEN voranzuschreiten, um deine Göttlichkeit zu verwirklichen. Mitarbeiter sind diejenigen, die versuchen, Menschen zu helfen, durch Selbstverleugnung zusammenzuarbeiten. Nur durch Selbstverleugnung wird man imstande sein, all jene Kräfte zu zerstreuen und zu bezwingen, die einen von Zusammenarbeit abhalten.

Manche Leute denken, dass es für Zusammenarbeit unbedingt eine Gruppe von Menschen braucht. Es sind nicht die Menschen, die Zusammenarbeit erschaffen, sondern die Vision, die sie haben. Wenn viele Menschen daran arbeiten, eine Vision an verschiedenen Plätzen auf der Erde zu verwirklichen, ohne sich überhaupt zu kennen, sind sie Mitarbeiter. Solange verschiedene Gruppen von Menschen danach streben, den Gipfel der Schönheit, Güte, Rechtschaffenheit, Freude und Freiheit zu erreichen, sind sie echte Mitarbeiter.

Es gibt Mitarbeiter, die einander und die Arbeit voneinander wahrnehmen. Es gibt Mitarbeiter, die einander in den HÖHEREN WELTEN wahrnehmen, wo sich ihr Geist in das Licht erhebt, aber sie kennen sich vielleicht nicht auf der physischen Ebene. Sie arbeiten in verschiedenen Bereichen, mit unterschiedlichen Arbeitsmitteln, aber alle zusammen bilden sie den unsichtbaren „TEMPEL DES HERRN".

Triumph wird durch Zusammenarbeit mit den Strömen des KOSMISCHEN MAGNETEN erreicht. Es gibt sogar Zusammenarbeit bei den Bemühungen jener Kräfte, die aus entgegengesetzten Richtungen bestrebt sind. Zum Beispiel versucht das RÄUMLICHE FEUER die menschliche Sphäre zu durchdringen und der menschliche Geist strebt zu höheren Sphären. Beide Ströme erschaffen, in Zusammenarbeit, eine Brücke zwischen zwei Welten, durch die eine bewusste Kommunikation möglich wird.

Wir können andere Arten der Zusammenarbeit sehen, bei der einige Mitarbeiter ein Gebäude zerstören können, während andere auf dem gleichen Grundstück ein Neues bauen.

Man muss das Thema Zusammenarbeit von einer Ebene des sich erweiternden Bewusstseins aus betrachten. Oft hindern wir eine Gruppe von Mitarbeitern daran, ihre Arbeit zu tun. Wir versuchen einer Gruppe zu helfen, in der Annahme, dass sie einer anderen Gruppe von Mitgliedern entgegenwirkt, aber verhindern tatsächlich die Bemühungen gegenseitiger Zusammenarbeit.

Triumph kann nicht erreicht werden, wenn die Dinge nicht so gesehen werden, wie sie sind, vom Gesichtspunkt KOSMISCHER Ströme aus. Der KOSMISCHE MAGNET erschafft fortwährend und SEINE Vertreter haben viele Namen. Man muss weise sein, um zu sehen, wie die Vertreter miteinander zusammenarbeiten.

Am anderen Ende des Spektrums sehen manche Menschen eine Zusammenarbeit zwischen zwei Kräften, während sie sich in Wirklichkeit durch Verblendung, posthypnotische Suggestion und dem Verlangen, einander auszunutzen und Verwirrung und Chaos zu stiften, bekämpfen und gegenseitig zerstören.

Mitarbeiter nehmen den PLAN der GROßEN wahr und sie beteiligen sich an verschiedenen Bereichen der Arbeit, um den PLAN zu verwirklichen. Jede echte Zusammenarbeit ist inspiriert von der HIERARCHIE.

Jede Gruppe von Mitarbeitern muss versuchen, die Absicht anderer Mitarbeitergruppen zu sehen. Wenn die allgemeine Absicht gesehen und anerkannt wird, wird von scheinbar entgegengesetzt wirkenden Mitarbeitergruppen viel Energie und Zeit gespart.

Der beste Weg, die Arbeit vieler verschiedener Gruppen in Einklang zu bringen, ist, sie dazu zu befähigen, die allgemeine Absicht zu sehen, auf die sie in ihrer Arbeit zusteuern.

Die LEHRE wird schließlich jedem erlauben, die Absicht zu erkennen, zu der der Geist die ganze Menschheit bewegt. Ist die ABSICHT erst einmal bekannt, wird die auf allen Ebenen weitverbreitete Verwirrung langsam nachlassen und Harmonie das Ergebnis sein.

Ein großer menschlicher Triumph steht durch Zusammenarbeit zur Verfügung.

Hier sind nun elf Prinzipien, die die Grundlage von Zusammenarbeit bilden.

1. Wenn unsere Gedanken, Gefühle, Worte und Handlungen einander ergänzen, einander stärken oder einander nähren, um ein gemeinsames Ziel zu erreichen, sprechen wir von Zusammenarbeit in unserer Natur.

Echte Gruppenarbeit beginnt, wenn die Gedanken, Gefühle, Worte und Handlungen der Mitglieder im Einklang mit der Vision sind, die sie anstreben. Es gibt keine wahre Zusammenarbeit zwischen Menschen, deren Handlungen zwar in Harmonie, deren Gedanken, Worte und Gefühle übereinander aber unkooperativ sind. Solch eine Stufe der Zusammenarbeit wird sehr kurzlebig sein.

Echte Anführer müssen Menschen darin unterrichten, auf allen vier Ebenen zu kooperieren:

- Gedanken
- Gefühle
- Sprache
- Handlungen

Zusammenarbeit bedeutet nicht das Aufzwingen von Gleichförmigkeit in Gedanken, Gefühlen, Sprache oder Handlungen; Zusammenarbeit unterstützt vielmehr Vielfalt, die im Einklang mit - oder ergänzend zur - Vision ist.

Für Gruppenarbeit braucht man Disziplin und Erziehung, um in der Lage zu sein, Reibung in jeder kooperativen Handlung zu verhindern.

2. Zusammenarbeit ist ein Bemühen einer Gruppe von Menschen, eine Vision, die von HÖHEREN QUELLEN gegeben wird, zu verwirklichen.

Zusammenarbeit ist ohne eine große Vision nicht möglich, die all die Gedanken, Gefühle, Erfahrungen und Handlungen der Einzelnen zur Verwirklichung dieser Vision polarisiert, harmonisiert und instrumentiert.

3. Wenn es kein gemeinsames Ziel oder keine gemeinsame Vision gibt, ist Zusammenarbeit nicht möglich.

Das gemeinsame Ziel einer Gruppe oder Nation kann zum Beispiel sein: Überleben, die Manifestation von Schönheit oder Dienst für die Menschheit. Solche Ziele rufen ein tiefes Gefühl der Zusammenarbeit hervor. Menschen müssen zusammenarbeiten, um Kultur und Schönheit hervorzubringen; sie müssen zusammenarbeiten, um als menschliche Rasse zu überleben.

Wenn diese Ziele als das Wesentlichste für die Menschheit verstanden werden, wird der nächste Schritt sein, die Schritte, die zu Zusammenarbeit führen, beizubringen und zu lehren. Diese Schritte beziehen folgendes zu haben mit ein:

    1.   Eine gemeinsame Absicht
    2.   Einen Gesamtplan

3. Ziele, die zum Plan führen
4. Fertigkeiten zur Verwirklichung der Ziele
5. Arbeiten, um die Absicht zu manifestieren

Ein Anführer inspiriert Menschen und bildet sie in den fünf Schritten aus, die für Zusammenarbeit benötigt werden:

- Absicht
- Plan
- Ziele
- Fertigkeiten
- Arbeit

Ein Anführer nutzt niemals negativen Druck oder Gewalt, sondern begeistert vielmehr Menschen für größere Leistungen, denn weiß, dass der Gebrauch von Gewalt Menschen dazu bringt, für ihre eigenen separatistischen Interessen zu arbeiten.

4. Große Anführer geben uns eine Vision und mobilisieren durch unsere Zusammenarbeit mit jenen, die ähnliche Interessen haben, all unsere Gedanken, Gefühle und Handlungen in Richtung dieser Vision.

Jeder Einzelne in jedweder zusammenarbeitenden Gruppe muss deutlich verstehen, dass die Mitglieder einer Gruppe sich besser entfalten und vorankommen, wenn sie für die Verwirklichung ihrer Vision zusammenarbeiten. Wenn das verstanden ist, wird jeder das richtige Bemühen und die richtigen Schritte tun, um seinen eigenen Teil dazu beizutragen, damit die Vision in Erfüllung geht.

Jedes Gruppenmitglied muss versuchen herauszufinden, was es besser machen kann, um die Gruppenarbeit zu fördern. Ein solches Bestreben hilft Menschen, viele latente Möglichkeiten in ihnen oder anderen hervorzurufen.

Gruppenmitglieder müssen die persönlichen Grenzen ihrer Verantwortlichkeiten und Pflichten kennen. Wenn sie dann auf irgendwelche Schwierigkeiten treffen, müssen sie bei der Führung um Rat suchen – für Aufklärung, nicht für Anweisungen. Diejenigen, die von Anweisungen abhängig sind, um ihre Verantwortlichkeiten und Pflichten wahrzunehmen, können nicht wachsen und die Wissenschaft der Zusammenarbeit erlernen.

Deshalb inspiriert die Führung die Gruppenmitglieder, ruft sie wach, ermutigt sie und klärt sie auf und lässt ihnen dann die Freiheit, ihre Fähigkeiten, Hingabe und Kreativität für die Verwirklichung der Vision zu beweisen.

5. Wenn eine Person mit anderen zusammenarbeitet, um eine Vision zu verwirklichen, fängt sie an, ihre Handlungen, ihre Gefühle und ihre Gedanken zu verfeinern und zu kontrollieren und beseitigt all jene Faktoren, die nicht zur Vision passen. Auf diese Weise wird die Beherrschung unserer Vehikel erreicht und das wahre SELBST beginnt SICH zu offenbaren.

In dem Prozess der Zusammenarbeit muss man kontinuierlich versuchen, Meisterschaft über seine Persönlichkeit zu erreichen. Man muss lernen, wie man seine Gedanken, Worte und Handlungen kontrolliert und versuchen, all jene Ursachen zu beseitigen, die die Persönlichkeit automatisch handeln lassen.

Jedes Mitglied einer Gruppe hat einer Grundverantwortung gerecht zu werden, die zusammengefasst werden kann als die Verantwortung, sich darum zu bemühen, mit der Gruppenvision zu kooperieren und seine Gedanken, Worte und Handlungen in Harmonie mit dieser Vision zu bringen. Zum Beispiel dürfen die Mitglieder einer Gruppe, die daran beteiligt sind, das GEMEINWOHL zu fördern, nicht Tratsch, Verleumdung, Bosheit, Verrat, Eifersucht oder Hass gegen ihre Mitgefährten ausüben. Wenn sie es tun, schließen sie sich automatisch von der Mitgliedschaft aus. Auch wenn sie sich selbst als angesehene Mitglieder betrachten, wirft die GRUPPENSEELE sie hinaus.

Einige Mitglieder in einer Gruppe mögen einander hassen; manche mögen Eifersucht in ihren Herzen hegen; manche mögen sogar gegenseitig Rachegefühle empfinden. Solche Merkmale fördern keine wahre Zusammenarbeit, sondern verwandeln sich in Keime für die Auflösung der Gruppe.

Ein Mitglied einer Gruppe zu sein, die das GEMEINWOHL fördert, bedeutet, sich einer Disziplin zu unterziehen, die jede Person befähigen wird, die Elemente in ihrer Persönlichkeit zu kontrollieren und zu meistern, die gegen die gemeinsame Vision der Gruppe gerichtet sind.

Bevor eine Person eine größere Verantwortung als die bisherige akzeptiert, muss sie eine ernsthaftere Disziplin durchlaufen, die sie darin ausrüstet, den Anforderungen ihrer neuen Verantwortung gerecht zu werden – andernfalls wird sie nicht nur scheitern, sondern sie wird der Integrität der Gruppe schaden und ihren Zerfall verursachen.

Diejenigen, die wegen ihrer selbstsüchtigen und separatistischen Interessen in Gruppen Ärger verursachen, berauben sich der Möglichkeit, sich selbst zu meistern und auf dem Weg der Transformation voranzuschreiten. Manchmal werden Unruhestifter als pfiffig angesehen, aber man muss ziemlich verrückt sein, seine eigenen Interessen höher zu stellen als die der Gruppe, der Nation oder der Menschheit. Einmal sagte ich zu einem Mitglied einer kreativen Gruppe: „Sicher, du bist bei den Treffen anwesend; du kommst aber nur, um mit nahezu jedem persönlich Reibung zu erschaffen. Weißt du, was du tust? Du verwehrst dir selbst die Möglichkeit der Zusammenarbeit. Du handelst sogar gegen deine eigenen persönlichen Interessen."

Manchmal glauben Leute, dass bestimmte bestehende Kommunen oder Gemeinden Beispiele für Zusammenarbeit sind. Bei genauerer Betrachtung kann man in ihnen viel Tratsch, Hass, Eifersucht, Feindseligkeit, Selbstinteresse und so weiter beobachten. Eine wahre Gemeinschaft ist nicht ein äußeres Phänomen naher Beziehungen, sondern sie wird durch ein Stadium von Liebe charakterisiert, das alle Mitglieder so aufeinander abstimmt, dass sie in Harmonie miteinander leben, um ihre gemeinsame Vision zu verwirklichen. Deshalb muss jede Gemeinschaft Verfeinerung üben, Harmonie und Respekt erschaffen und konstruktive Arbeit auf allen Ebenen ihres Daseins fördern. Diejenigen Gruppenmitglieder, die von einer gemeinsamen Vision entfacht sind und am Beispiel ihrer Lebensweise Enthusiasmus, Ausgeglichenheit, edles Verhalten, Intelligenz und aufopferndes Arbeiten demonstrieren, geben ihren Mitstreitern den besten Unterricht.

Die Technik des Aufzwingens muss in Inspiration umgewandelt werden. Menschen inspirieren sich gegenseitig durch die Tugenden, die sie in ihren täglichen Beziehungen offenbaren. „Zu inspirieren" bedeutet, zur Seele der Menschen zu sprechen anstatt Gewalt auf ihre Persönlichkeit auszuüben.

Anführer müssen die Kunst erlernen, den Menschen die Bedürfnisse einer Gruppe oder Nation darzulegen und sie dazu inspirieren, diese Bedürfnisse zu erfüllen. Anführer müssen auch die Hingabe ihrer Mitarbeiter nutzen, um größere Anstrengungen für die Gruppe zu bewirken.

Mein LEHRER fragte mich einst: „Was würdest du denken, wenn ich dich bitten würde, drei Tage zu Pferd unterwegs zu sein und diese Arznei unserem großen LEHRER zu bringen? Natürlich musst du wissen, dass die Straßen sehr gefährlich und die Banditen zurzeit wie hungrige Wölfe sind..." Dann ging er weg. Nachdem ich einem Moment innegehalten hatte, folgte ich ihm und sagte: „LEHRER, es wäre besser für mich zu sterben, als deine Wünsche nicht zu respektieren." Tränen traten ihm in die Augen, als er sagte: „Hier ist die Arznei; bereite dein Pferd vor und brich im Morgengrauen auf."

Einmal baute eine Gruppe einen Meditationstempel. Der Stromversorger verlangte von der Gruppe einen 60 cm breiten und 50 Meter langen Graben zu auszuheben, um die Kabel darin zu verlegen. Der Leiter der Gruppe fragte unter den Mitgliedern nach Freiwilligen, um beim Graben zu helfen, aber alle waren zu beschäftigt. Der Leiter arbeitete drei Tage von Sonnenaufgang bis Sonnenuntergang schwer an dem Graben.

An dem Tag, an dem der Stromversorger kam, um die Kabel zu verlegen, erschienen die Vorstandsmitglieder. Ein Arbeiter des Stromversorgers sagte zu den Vorstandsmitgliedern: „Dieser arme Bursche arbeitete drei Tage lang so schwer und bekam diesen Graben alleine fertig. Warum hat ihm niemand geholfen? Ich kam jeden Tag her und sah ihn härter und härter arbeiten. Er muss das Geld wirklich brauchen." Eines der Vorstandsmitglieder antwortete: „Er tat es nicht für Geld; er ist unser Präsident, unser Leiter." Mit großen Augen und liebevoller Stimme sprach der Elektriker: „Dann schämt euch."

Ein Anführer muss durch seine Arbeit ein Beispiel geben. Es gibt eine Geschichte von einem König, der auf ein paar Soldaten stieß, die sich darum stritten, wer den Wagen mit Feuerholz beladen soll. Nachdem er ihrem Fluchen zugehört und ihren Ärger beobachtet hatte, sagte der König: „Gebt Ihr mir die Ehre, kostenlos für Euch zu arbeiten?" und er begann damit, den Wagen zu beladen. Gleich nachdem er fertig war, ging er fort, aber einer der Soldaten erkannte ihn und sagte: „Wisst ihr, wer das war?" „Wer?" „Der König!" Die Männer beeilten sich, sich für ihr Benehmen zu entschuldigen und der König sprach: „Nun, meine Pflicht ist es, Euch zu dienen...". Die Geschichte geht so weiter, dass die Soldaten, um sich selbst zu beweisen, nach diesem Vorfall so hart arbeiteten, dass sie schließlich die zuverlässigsten Generäle des Königs wurden.

Führerschaft existiert, um Beispiele für Zusammenarbeit zu geben und um dazu zu inspirieren, nach der Zukunft zu streben.

6. Die Zusammenarbeit mit der Vision bringt uns unserem SOLARENGEL, der HIERARCHIE, dem HIERARCHISCHEN PLAN und unserem INNEREN KERN näher.

Wenn die Menschen nur einmal verstehen könnten, dass die Absicht von Gruppenbildung darin besteht, die Mitglieder mit ihrem HÖHEREN SELBST und mit dem HÖHEREN SELBST der Gruppe in Kontakt zu bringen, würden große Veränderungen in ihrem Bewusstsein vor sich gehen. Jede voranschreitende Gruppe wird als Vehikel des Ausdrucks des HIERARCHISCHEN PLANS für die Menschheit langsam in die Hierarchie hineingezogen. Gruppenmitglieder kommen in einer Gruppe schneller voran, als wenn sie alleine gelassen werden.

7. Die ganze Information und das Wissen über Zusammenarbeit wird gegeben, um uns darauf vorzubereiten, mit dem HIERARCHISCHEN PLAN und der HIERARCHIE SELBST zusammenzuarbeiten.

Jedes Mitglied einer Gruppe muss so eine Beziehung mit der HIERARCHIE anstreben. Hier taucht jedoch eine Frage auf. Was ist, wenn die Gruppe eine wissenschaftliche Forschungsgruppe oder eine Finanzgruppe ist, deren Mitglieder nicht die leiseste Ahnung von der HIERARCHIE und IHREM PLAN haben?

Die Antwort ist, dass der PLAN die Blaupause der Erfolge einer jeden Gruppe enthält. Jede Gruppe die voranschreitet, nähert sich dieser Blaupause. Ständige Verbesserung in jedweder Linie menschlichen Bestrebens führt einen zum PLAN. Die Blaupause des Plans inspiriert Mitglieder individuell und dringt in das Bewusstsein der Mitglieder ein. So wie das Negativ eines Fotos während des Entwicklungsprozesses langsam das Bild enthüllt, so offenbart eine voranschreitende Gruppe auf ähnliche Weise langsam die ins Bewusstsein ihrer Mitglieder projizierte Blaupause.

Aspiration, Zusammenarbeit und Streben fangen in dem Moment an, in dem eine Gruppe als Ganzes vom PLAN beeindruckt wird. Am Anfang ist es nicht nötig, alles über den PLAN zu wissen. Als eine Einheit zu arbeiten, um einen Dienst für das GEMEINWOHL anzubieten, ist das Gleiche wie für den PLAN zu arbeiten.

8. Zusammenarbeit auf immer höheren Spiralen vertreibt oder beseitigt Eitelkeit, Ego, Trägheit, Depression und Separatismus. Dies sind die fünf Wölfe, die auf der Schwelle der Einweihung auf uns warten.

Es gab eine 84-jährige Frau, die mich oft anrief, um sich über ihr Leben zu beklagen. Sie war sehr wohlhabend, wusste aber nicht, wie sie ihr Geld einsetzen könnte, um Freude in ihr Herz zu bringen. Eines Tages rief ich sie an und sagte: „Ich kann Ihnen eine Arbeitsstelle in unserem Büro geben." „Bei all meinem Geld", sagte sie, „wieso sollte ich da eine Arbeitsstelle brauchen?" „Wir werden Sie nicht bezahlen", antwortete ich. „Das ist lächerlich", erwiderte sie. „Vielleicht ist es das", sagte ich, „aber Sie werden vier oder fünf Stunden täglich arbeiten und werden uns für das Arbeiten 25 Dollar bezahlen." „Meine Güte!", sagte sie überrascht. „Verpassen Sie nicht diese Gelegenheit", riet ich ihr.

Schließlich kam sie zur Arbeit und begann damit, Briefe zu falten und leichte Schreibarbeiten zu erledigen. Als sie fertig war und gehen wollte, erinnerte ich sie daran, ihre Gebühren zu bezahlen – und sie tat es. Am nächsten Tag kam sie gleich als erstes zu mir und erzählte mir, wie glücklich sie war und wie erholsam ihr Schlaf gewesen sei, wie froh sie letztendlich war, nach so vielen Jahren der Faulheit und Trägheit eine Arbeit gefunden zu haben, die sich wirklich auszahlte!

Unsere Selbstgefälligkeit, Eitelkeit und unser Ego verschwinden mit Kooperation und Arbeit. Wir sind in Einklang mit den Menschen und das Leben läuft leichter und in Freude.

Eines Tages ernannte ich die Frau zur Vorsitzenden eines Komitees und gab ihr ein paar widerspenstige Leute, mit denen sie arbeiten sollte. Sie arbeitete sehr hart daran, diese Menschen zu Zusammenarbeit zu bewegen, um die Arbeit zu erfüllen, und sie war sehr überrascht, dass sie darin erfolgreich war, sie dazu gebracht zu haben, zu kooperieren und wie menschliche Wesen zu handeln.

Zusammenarbeit ist ein Prozess der Gruppenheilung, Gruppentransformation und Anpassung. Wie schön ist es, Menschen zusammen zu bringen, um die Schätze, die in ihnen verborgen liegen, zu enthüllen.

Manchmal ist das größte Hindernis in Gruppenarbeit ein Gefühl der Selbstgefälligkeit. Im Gruppenbemühen verfliegt diese Eitelkeit und eine Person spürt, dass andere wichtig sind, manchmal wichtiger als sie selbst. Sich selbst von Eitelkeit, Ego, Gereiztheit und Separatismus zu befreien, bedeutet das Ende von Kummer, Schmerz und Leid.

9. Zusammenarbeit führt zu Einheit und Synthese, zur Enthüllung der Absicht.

Während eine Person zusammenarbeitet, entwickelt sie einen Sinn für Einheit, der ihr ermöglicht, mit anderen auf solch eine Weise in Beziehung zu treten, dass jede Person zur Erfüllung der Vision eingesetzt wird. Synthese ist richtige Beziehung im Interesse einer erhabenen Absicht.

Zusammenarbeit bereitet uns Schritt für Schritt darauf vor, die Absicht, für die wir arbeiten, zu sehen. Je besser eine Person die Absicht sieht, desto kooperativer wird sie, denn sie erkennt, dass die Verwirklichung der Absicht die Erfüllung ihrer eigenen erhabensten Bestrebungen ist.

Eine der Pflichten eines Anführers ist es, darauf zu achten, in anderen keine Eifersucht ihm gegenüber zu erzeugen. Das ist möglich, wenn ein Anführer sich nicht aufspielt, nicht eitel und stolz ist, oder der Verblendung erliegt, extrem wichtig zu sein. Eifersucht wird erzeugt, wenn ein Anführer die oben genannten Untugenden zeigt. Wenn er bescheiden ist, die Schönheit in anderen erkennt und nicht herausstreicht, dass nichts ohne ihn getan werden könne, erzeugt er keine Eifersucht in anderen. Manche Anführer kleiden sich kostbar und leben luxuriös und geben ständig an. So ein Leben erschafft Eifersucht. Wo Eifersucht Wurzeln schlägt, endet Zusammenarbeit.

Einer meiner LEHRER ehrte, wann immer er gelobt wurde, andere als die Quelle seines Erfolges. Einmal sagte er: „Was für ein Mann sollte stolz auf das sein, was er tut? Alles wird ihm vom HERRN gegeben; ohne den HERRN könnte er nicht tun, was er tut."

Ein anderer LEHRER arbeitete mit den Hilfsarbeitern, Malern und Gärtnern, als ob er einer von ihnen gewesen wäre. Eines Tages sagte er, nachdem er den ganzen Tag mit den Gärtnern im Garten gearbeitet hatte: „Nun ist es für euch Zeit, auszuruhen und euch zu erholen; aber während ihr euch ausruht, geht meine Arbeit weiter – vielleicht bis Mitternacht." Er wollte ihnen zeigen, dass Führerschaft kein Zustand des Ausruhens ist, sondern kontinuierliche Arbeit. Einer der Gärtner bemerkte: „Ich wollte deine Position nicht haben."

Wir müssen auch wissen, dass es diejenigen gibt, die bis auf die Knochen mit der Krankheit der Eifersucht verseucht sind. Es ist schwer und kostspielig, zu versuchen, solche Menschen zu heilen.

Ein wahrer Anführer versucht nicht, Menschen zu seinen Klonen zu machen. Vielmehr versucht er, ihre eigene Originalität in ihnen hervorzubringen und jedes besondere Talent zu aktivieren, das sie vielleicht haben, damit er eher eine symphonische, denn eine monotone Arbeit erschaffen kann. Wenn ein Anführer versucht, andere zu einer exakten Kopie seiner selbst zu machen, behindert er ihre persönliche Entfaltung und ihren Fortschritt und beraubt sich selbst ihrer besonderen, originellen Beiträge und Talente.

Anführer müssen die Individuen dazu inspirieren, mit ihrer eigenen Schönheit in ihrer eigenen Blüte aufzublühen und so zur Arbeit der ganzen Gruppe beizutragen. Jedes Mal, wenn ein Anführer Anhänger erzeugt – Schafe – wird er sie am Ende hassen, weil sie nichts Echtes oder Wertvolles zu seiner Arbeit beitragen.

Ein wahrer Anführer ermutigt andere nicht nur, ihre individuellen Talente zu entwickeln, sondern hilft ihnen auch, ihn zu übertreffen. Jeder Führer muss versuchen, ein paar Menschen darauf vorzubereiten, ihn zu ersetzen und sich selbst mit verantwortlicheren und schwierigeren Arbeiten zu beschäftigen. Wenn ein Anführer ersetzt werden kann, ist er frei, einen wagemutigeren Dienst an der Menschheit auszuführen.

10. Zusammenarbeit entwickelt Wissen, Weisheit, Telepathie, Intuition und Willenskraft; sie bringt Erfahrung.

Zusammenarbeit vergrößert unser Wissen. Wir lernen voneinander; wir lernen gegenseitig von der Kreativität des anderen. Schließlich kann ein großer Wissenspool geschaffen werden, der all denen Wissen bereitstellt, die mit jenen, die zusammenarbeiten, in Kontakt kommen.

Zusammenarbeit erweitert unser Bewusstseinsfeld; ein erweitertes Bewusstseinsfeld bietet neue und kreativere Wege, mit Menschen in Beziehung zu treten. Menschen zu treffen, die andere Einstellungen und Ansichten haben als wir selbst, bereichert unser Bewusstsein und gibt uns die Gelegenheit, Dinge von verschiedenen Standpunkten aus zu betrachten. Dies fördert auch Zusammenarbeit und Verschmelzung.

Hab keine Angst davor, mit Menschen zu sprechen, die deine Meinungen oder Ideen nicht akzeptieren. Versuche herauszufinden, warum sie nicht übereinstimmen. Manchmal sind deine Gegenspieler die Quellen der wertvollsten Ideen. Sie schärfen deine Beobachtungsgabe und zeigen dir Wege auf, wie du besser akzeptiert werden kannst.

Manche Menschen fühlen sich sicher und geborgen, wenn sie sich hinter ihrer Unwissenheit verstecken. Sie haben Angst davor, hervorzutreten und zu sehen, was andere über sie und ihre Ideen denken. Solch eine Haltung fördert keine Zusammenarbeit. Es ist zu unserm Vorteil, wenn unsere Unwissenheit und Dummheit herausgestellt wird.

Zusammenarbeit zerstört aufgrund des zunehmenden Lichtes der Gruppe unsere Verblendungen und Illusionen. In einer Gruppe wollte zum Beispiel ein Mitglied der Vorsitzende sein. Schließlich wurde er auf diese Position gesetzt, damit er seine echten Motive herausfindet. Nach drei Monaten der Demütigung trat er zurück. Als er gefragt wurde warum, sagte er: „Ich wusste nicht, dass ich so dumm und unvorbereitet für diesen Job war." In Gremien und in Gruppen zeigen sich unsere wahren Farben, dann bekommen wir Gelegenheit, uns selbst zu verbessern.

Zusammenarbeit lässt die Summe unserer Erfahrungen und unser logisches Denkvermögen wachsen. In Gruppen gibt es immer eine Gelegenheit, neue Erfahrungen zu sammeln. Wegen der gespannten Atmosphäre und der unterschiedlichen Intelligenzgrade in der Gruppe, ist eine Person gefordert, ihre Argumentation und Logik zu verbessern, um zum gemeinsamen Bestreben nach Fortschritt beizutragen.

In Gruppen lernt eine Person, wie sie es vermeidet, der Versuchung zu verfallen, Menschen zu manipulieren, zu verfallen. Ist diese Versuchung einmal überwunden, bemüht sich eine Person, für die Gruppe nützlich zu sein. Im Prozess der Zusammenarbeit lernt sie, wie sie ihre mentalen Kräfte konstruktiv und kreativ für das GEMEINWOHL nutzen kann.

In einer Gruppensituation ist es auch möglich, dass heftige Maßnahmen gegen die Ideen und Visionen einer Person unternommen werden. Dies ist ein Zeichen der Niederlage und des Bankrotts des Verstandes jener, die solche Handlungen fördern. Das GESETZ der ZUSAMMENARBEIT fordert uns heraus, uns tiefgehend mit den Ideen anderer zu befassen, um ihre Essenz zu verstehen oder logisch zu beweisen, dass sie unzeitgemäß sind.

Mit Zusammenarbeit entwickeln wir Telepathie. Diejenigen, die zusammenarbeiten, werden nach und nach feinfühliger und fangen an, die Gefühle, Gedanken und Beweggründe voneinander zu erfassen. Zusammenarbeit mit anderen kultiviert die Kraft der Telepathie in Gruppenmitgliedern. Schließlich wird Gruppenfusion eine Tatsache und die Gruppe handelt als ein Wesen.

Menschen, die aus Separatismus, Hass und Boshaftigkeit handeln, können keine Telepathie entwickeln, auch wenn sie durch ihren Solarplexus Gefühle erfassen mögen. Diese Art der Registrierung wird später der Ursprung all ihrer körperlichen und psychologischen Probleme werden.

Zusammenarbeit entwickelt Intuition und Willenskraft. Willenskraft wird entwickelt, wenn jemand physische, emotionale und mentale Hindernisse im Zuge der Zusammenarbeit überwindet. Sie entwickelt sich aus dem Streben heraus, bessere Wege zu finden, zum GEMEINWOHL beizutragen.

Genauso wie unsere Körper durch den Prozess der Zusammenarbeit zwischen Zellen, Organen usw. gebildet werden, werden unsere höheren Kräfte und Tugenden durch den Prozess der Zusammenarbeit zwischen Elementen entwickelt, die sich auf Seelenebene gegenseitig anziehen, um ein Vehikel des Ausdrucks für das Licht der Seele zu formen.

Keine Tugend und keine psychische Kraft kann von uns ohne die Anwendung des GESETZES der ZUSAMMENARBEIT entwickelt werden. Wir müssen uns daran erinnern, dass die uns helfenden Partner oft unsichtbar sind. Sie können unsichtbare Wesen sein, Kräfte, Energien, Strahlen, Ideen, Eindrücke und Gedankenformen. Die grundlegende Basis ist, dass nichts ohne Zusammenarbeit erschaffen oder erreicht werden kann.

Eine Gruppe ist die symbolische Repräsentation all jener sichtbaren und unsichtbaren Elemente, mit denen wir versuchen, zusammenzuarbeiten.

11. Zusammenarbeit führt dich zum höchsten GESETZ DES OPFERS, durch das du dein separatistisches Selbst hinter dir lässt und eins wirst mit dem ALL-SELBST.

Wenn jemand vertikale und horizontale Zusammenarbeit entwickelt, erkennt er schließlich, dass mehr erreicht werden kann, wenn mehr geopfert wird. Jene, die an Zusammenarbeit festhalten, berühren langsam das HÖHERE SELBST ihrer Mitarbeiter und erkennen schließlich, dass es nur EIN SELBST gibt, welches sich durch alle Mitarbeiter zu offenbaren sucht. Dieses EINE SELBST kann das GRUPPENSELBST oder das KOSMISCHE SELBST sein, abhängig von dem Grad oder dem Niveau der Zusammenarbeit der Gruppe.

Kapitel 6

Unterscheidungsvermögen

Diskriminierung oder Unterscheidungsvermögen ist eine Fähigkeit, Mittel und Wege, Menschen und Gegenstände zu finden, durch die und mittels derer eine Person mehr Zusammenarbeit erzeugen kann. Unterscheidungsvermögen ist eine mentale oder intuitive Kraft, die besten „Werkzeuge" für die richtige Arbeit zu wählen. Das Wort „Diskriminierung" wird üblicherweise in einer anderen Bedeutung benutzt, nämlich, dass wenn du hasst, du diskriminierst; wenn deine Wahl auf Egoismus basiert, diskriminierst du. Aber die tatsächliche Bedeutung von Diskriminierung ist, die **richtige Wahl zu treffen**.

Wenn eine Person bei ihren Werten, Dingen, Mitteln und Wegen richtig unterscheidet, ist sie genau, intuitiv, wirklich wissenschaftlich und effizient. Ein Mensch kann zu jeder Zeit und bei jedem Schritt seinen Unterscheidungs-Sinn nutzen.

Menschen stellen in Frage, ob sie mit Führungspersonen zusammenarbeiten sollen, die gegen das GEMEINWOHL sind, oder mit Gesetzen, die der Öffentlichkeit aufgezwungen werden, um die Macht für die speziellen Interessen bestimmter Parteien zu sichern.

Zunächst einmal werden Machthaber, wenn sie selbstsüchtig sind und durch Gesetzte geschützt oder gefördert werden, genug Macht haben, um jeglichen Widerstand zu brechen. Ungehorsam wird sie zu härteren Maßnahmen zwingen. Der beste Weg, mit solchen Situationen umzugehen, ist es, eine aufgeklärte öffentliche Meinung zu erzeugen, den Machthabern praktische Alternativen darzulegen und Gesetze zu entwerfen, die allen zugutekommen. Man muss den Machthabern weiterhin gehorchen, seine Steuern zahlen und die Gesetze befolgen, aber gleichzeitig hart daran arbeiten, aufzuklären. Man muss die Menschen bilden, ihnen die Gefahren solcher Regeln und Gesetze aufzeigen und nach und nach den Sinn für Rechtschaffenheit etablieren.

Revolution und ziviler Ungehorsam mögen bestehende Regeln zerstören, aber sie werden auch zur Folge haben, dass Gesetze erlassen werden, die den eigennützigen Interessen der neuen Machthaber dienen, welche nach und nach die gleichen Unterdrückungsmethoden wie ihre Vorgänger verwenden werden. Die Evolution der Menschheit kommt nicht durch Gewalt, Revolution oder Krieg voran. Lies über den Missbrauch von Menschenrechten und recherchiere, in welchem Ausmaß seit dem Beginn irgendeines gewaltsamen politischen Wechsels diese Rechte verletzt wurden. Revolution, Gewalt und Krieg sind Dramen, in denen die Rollenbesetzungen wechseln, aber das Endergebnis immer dasselbe bleibt.

Die Menschheit würde keine despotischen Führer und ungerechten Gesetze haben, wenn die Menschen von Kindheit an darin geschult wären, mit dem Konzept des GEMEINWOHLS zu kooperieren. Einst arbeitete ein Arzt sehr hart daran, eine Krankheit zu erschaffen. Als er gefragt wurde, warum er an diesem Unterfangen Gefallen fände, antwortete er: „Weil ich das Heilmittel finden will." Menschen unserer gegenwärtigen Gesellschaft sind in solchen Projekten tätig. Selbst wenn sie das Heilmittel finden, werden sie die Begleiterscheinungen ihrer künstlich erzeugten Krankheiten nicht stoppen können.

Die Schulung, für das GEMEINWOHL zu leben, muss in der Kindheit beginnen. Niemandem darf erlaubt sein, eine Position zu erreichen, von der aus er herrschen kann, ohne vorher seine völlige

Integrität bewiesen zu haben. In Zukunft werden Menschen in hohen Positionen regelmäßigen Prüfungen über ihre mentale Klarheit, körperliche Gesundheit und emotionale Ausgeglichenheit unterzogen werden. Sie werden auch hinsichtlich ihrer Motive und ihrer Ernsthaftigkeit geprüft werden, um Charakterschwächen auszumachen.

Eine Stelle im öffentlichen Dienst zu erhalten wird nicht einfach sein. Bevor eine Person nicht den Nachweis für eine wahre geistige Gesundheit, moralische Integrität, Weitsicht, Einsicht, Vision und eine verbindliche Hingabe an das GEMEINWOHL erbringt, wird ihr keine höhere Verantwortung übertragen werden. Macht wird in Proportion zu jemandes spiritueller Integrität verliehen werden.

Die Menschheit muss sich durch Bildung und Aufklärung entwickeln; durch die Kultivierung von Verantwortungsbewusstsein und einem tiefen Verständnis der Idee des GEMEINWOHLS; und durch das Erschaffen von Gesetzen und Regeln, mit Hilfe derer diejenigen, die zur Führung aufsteigen, ausgewählt und die Wertlosen, die nur Macht über andere erlangen wollen, ausgefiltert werden.

Eine wahre Demokratie ist weder die Diktatur einer Partei noch die Diktatur der Massen, aber die Diktatur des GEMEINWOHLS. Bevor sie ihre Position erlangen, müssen Führer und Gesetzgeber gewahr werden, dass sie für das GEMEINWOHL verantwortlich sind. Das höchste Kennzeichen einer spirituellen Person ist Zusammenarbeit mit und für das GEMEINWOHL. Auf der Grundlage dieser Voraussetzung wird sich wenigstens unser Rechtssystem ändern und unsere Gefängnisse werden zu Schulen und zu Zentren für die kreativen Künste.

Zusammenarbeit muss am höchsten Punkt einer Vision beginnen und sich schließlich in praktischer Arbeit manifestieren. Daher sollten spirituelle Führer die Vision präsentieren und Menschen dazu ermutigen, die Vision aufzunehmen und sie in ihrem täglichen Leben und in ihren Beziehungen auszuarbeiten.

Es gibt immer noch Individuen, die an die „Macht geht vor Recht"-Theorie glauben. Aber der Tag nähert sich mit großen Schritten, an dem beide, „Recht" und „Macht", nur im Lichte des GEMEINWOHLS betrachtet werden. Ein vollständiges philosophisches System wird sich innerhalb der höchsten Reihen politischer Führer um dieses Konzept herum entwickeln.

Der Mensch ist das Symbol des GESETZES DER ZUSAMMENARBEIT. Der Mensch ist die Frucht, die Krönung dieses Gesetzes. Die Existenz des Menschen in dieser Welt erklärt das Mysterium und die Erhabenheit dieses Gesetzes.

Stell dir vor, wie viel Zusammenarbeit es brauchte, um ein solches Meisterstück wie den Menschen zu erschaffen, wie viel die Baumeister und Elementale miteinander kooperierten, um den Menschen zu formen und wie viel Zusammenarbeit zwischen all den Teilen des Menschen erforderlich ist, um eine glückliche, gesunde, erfolgreiche, aufgeklärte und siegreiche Kreatur zu erschaffen.

Eine der Aufgaben der menschlichen Seele ist es, Zusammenarbeit im gesamten menschlichen System aufrecht zu erhalten und alle Teile mit den höheren Körpern für eine fortschrittlichere Zusammenarbeit zu verknüpfen. Der physische Körper muss zum Beispiel mit den Empfindungen, Gefühlen und Gedanken zusammenarbeiten. Später müssen all diese Mitarbeiter mit noch höheren Vehikeln und noch höheren Zentren zusammenarbeiten. Der spirituelle Erfolg eines menschlichen Wesens hängt von der Zusammenarbeit zwischen allen Teilen seines gesamten Mechanismus ab. Mit anderen Worten, der Körper, die Seele und der Geist müssen miteinander kooperieren. Später muss die Zusammenarbeit in HÖHERE SPHÄREN vordringen.

Der Mensch ist das Symbol des Universums. Wenn ein Mensch den Vorgang der Zusammenarbeit versteht, der in seinem System stattfindet, wird er dazu kommen, die Zusammenarbeit zu verstehen, die auf der solaren, galaktischen und kosmischen Ebene geschieht. Einer meiner LEHRER sagte für gewöhnlich: „Die NATUR hat dich in Zusammenarbeit als menschliches Wesen erschaffen, aber, wenn du voranschreiten und wirklich göttlich werden willst, musst du mit den kreativen Kräften der NATUR bewusst zusammenarbeiten. Dann wirst du verstehen, dass die NATUR als Ganzes ein lebendes Wesen ist."

Hier ist es sehr interessant zu bemerken, dass eine Person, deren eigenes System sich in einem Stadium aktiver Zusammenarbeit befindet, von Natur aus in einer Gruppensituation kooperativ ist.

Kapitel 7

Wettbewerb und Unterdrückung

Wettbewerb ist zerstörerisch. Im Neuen Zeitalter werden wir das Prinzip des Teilens nutzen. Wettbewerb hat uns an den Rand der Katastrophe geführt. Es ist der beste Weg, Energie, Zeit und Material zu verschwenden. Wenn wir all unsere Energie teilen würden, statt sie zu verschwenden, würden wir keinen Wettbewerb brauchen. Wettbewerb ist nur etwas für diejenigen, die träge und materieorientiert sind, ein Beweis dafür, dass kein wirkliches Denken in ihren Köpfen von statten geht. Wettbewerb ist Ausbeutung; Teilen ist Geben.

Wenn wir darauf schauen, was Wettbewerb ist, sehen wir jeden eine andere Art von Kleidung, Möbel, Autos und so weiter herstellen, um zu konkurrieren. Ich schlage dich nieder, dann schlägst du mich nieder. Wenn wir stattdessen unsere Köpfe zusammenstecken würden, und das Beste von allem erschaffen würden, müssten wir unsere natürlichen Ressourcen nicht verschwenden. Dies ist kein kommunistisches Denken aber Gemeinschaftsdenken.

Denker des Neuen Zeitalters verstehen diese Themen und diskutieren sie in Artikeln, Büchern und Vorlesungen. Sie drücken aus und zeigen auf, auf welche Weise Wettbewerb nicht der Weg ist. Teilen ist der Weg. Ein Beispiel: Eine Nation darf nicht sagen „Wir haben Öl, aber wir werden dir keines geben." Die Natur teilt alles mit uns: nichts gehört irgendjemandem und gleichzeitig gehört alles allen. Solange wir das Prinzip des Teilens nicht erlernen, werden wir weiterhin leiden.

Natürliche Ressourcen dürfen nicht monopolisiert werden, sondern sie müssen an diejenigen verteilt werden, die sie benötigen. Teilen entwickelt den Sinn für Rechtschaffenheit und eine reale Einschätzung und ein reales Wissen über Bedürfnisse. Im Wettbewerb häuft eine Person Dinge an, selbst wenn sie sie nicht wirklich braucht. Anhäufung durch Menschen oder Nationen öffnet den Weg für Ausbeutung, Spannung und schließlich für Krieg.

Wettbewerb ist eine Anstrengung, anderen durch den Gebrauch von Geld und anderen Interessen wie Bonusse den eigenen Willen aufzuzwingen. Ausnutzung und Wettbewerb stammen von der gleichen Wurzel ab. Man muss stoppen und sagen: „Hey, selbst wenn Millionen Menschen Wettbewerb lobpreisen, fühle ich, dass etwas falsch daran ist."

Wir müssen innehalten und uns die Zeit nehmen, nachzudenken. Wir haben Angst davor zu denken, weil wir spüren, dass wenn wir anfangen, unabhängig zu denken, eine überwältigende Mehrheit der Menschen gegen uns sein wird und unsere Sicherheit, Position und Reputation bedrohen wird. Es ist so viel leichter zu sagen: „Was soll's, ich bin machtlos, die Situation zu verändern, lass mich weiter konkurrieren wie bisher." So pflegen wir unser Leben zu leben.

Wenn wir unsere Nation wirklich mächtig machen wollen, müssen wir diese neuen Prinzipien und Methoden, die ihren zukünftigen Erfolg garantieren werden, in ihr Bewusstsein einführen. Wenn unser Geschäft schlecht läuft, sagen wir: „Warte einen Augenblick! Was ist falsch? Lass uns ein paar Veränderungen vornehmen, um die Situation zu verbessern." Aber wir wenden diesen Ansatz nicht auf andere Gebiete in unserem Leben an, vor allem nicht auf die Vorgehensweise in der nationalen Politik. Wir wiederholen dieselben Fehler in verschiedenen Formen Jahr für Jahr.

Zum Beispiel haben wir über die Jahre viele Länder zurückgewiesen und Milliarden von Menschen zu Feinden gemacht. Wir haben diese Praxis beibehalten und werden so weiterfahren, bis uns ökonomische und politische Notwendigkeiten etwas anderes diktieren. Internationale Beziehungen, die auf Wettbewerb basieren, sowohl politisch als auch ökonomisch, bringen eine Politik der Ausbeutung hervor.

Unsere Nation braucht Bürger, die couragiert und wagemutig genug sind, ihren Geist zu öffnen und zu sagen „Mit unserem System ist etwas falsch. Die Geschichte wiederholt sich. Statt freundschaftlich zu ungerechten Führern anderer Nationen zu sein, lasst uns ein Freund für alle Menschen in diesen Nationen werden. Wir brauchen Menschen, wir brauchen keine Tyrannen." Wenn wir mit den Menschen befreundet wären, die wir heute als Feinde betrachten, würden wir keine Milliarden von Dollars aus unseren Steuern für Waffen ausgeben müssen. Ist es nicht merkwürdig, dass nur sehr wenige, wenn überhaupt irgendwelche Einzelpersonen, politische Führer oder Journalisten solche Ideen verbreiten?

An diesem Punkt in der Geschichte der Menschheit ist unsere Nation die allerwichtigste. Wir können unsere Nation nicht scheitern oder durch irgendeine Macht besiegen lassen, ob es Kommunismus, Totalitarismus oder sonst etwas ist. Diese Nation muss ihre Unabhängigkeit bewahren, aber nicht mit den falschen Mitteln. Schüler des Neuen Zeitalters müssen aufwachen und dieses Schiff vor dem Untergang bewahren.

Das gesamte Bewusstsein unserer Nation ist fokussiert auf Besitz und Geld, Geld, Geld. Wir wurden davon krank und befallen. Indem wir Beziehungen zu anderen aufbauen, müssen unsere materiellen Interessen aufgegeben und durch humanitäre, idealistische Interessen ersetzt werden.

Wenn idealistische Interessen unsere Beziehungen zu anderen regeln, wird materieller Nutzen auf natürliche Weise fließen. Es gibt ein Sprichwort: „Wenn du sein Herz gewinnst, gewinnst du seinen Geldbeutel; wenn du seinen Geldbeutel nimmst, verlierst du sein Herz." Wir haben Geldbeutel genommen und Herzen verloren, gerade so, wie es andere Nationen vor uns getan haben.

Ich war einmal in einem Land, das enorme Geldsummen in Form von Entwicklungsgeldern erhielt. Trotzdem stürzten die Menschen die Regierung und die Invasionsmächte. Das Geld hatte ihre Herzen nicht gewonnen. Die Menschen dachten. „Warum gebt ihr uns Geld, wenn ihr damit fortfahrt, uns auszubeuten und ihr nicht unser Freund seid?"

Wie kommt es, dass wir anderen Nationen Millionen von Dollars geben und sie damit zu unseren Feinden machen? Wir müssen damit aufhören und diese Politik hinterfragen, weil diese Nation aus vielerlei Gründen Führer der Menschheit bleiben muss. Es gibt Neuanfänge in dieser Nation aber auch viele Feinde, die das zu unterdrücken suchen.

Wir können nicht durch unterdrückerische Handlungen vorankommen. Wenn wir zum Beispiel den Niedergang böser Überzeugungen oder totalitärer Regierungen sehen wollen, sollten wir versuchen, etwas Besseres aufzubauen, mit dem sie ersetzt werden können, statt sie zu unterdrücken. Unterdrückung macht nur das Böse stärker. Unterdrückung führt zur Organisation und Ermächtigung von genau dem, was unterdrückt wird. Ein weiser Weg zu kämpfen ist, bessere Alternativen zu geben.

Wettbewerb ist verschwenderisch und separatistisch. Durch Separatismus können wir keinen Frieden erschaffen oder Menschen helfen, sich zu entwickeln. Es gibt enorm schöne Menschen überall auf der Welt. Unglücklicherweise sind ihre Freiheit und ihre Fähigkeit, sich zu äußern, immer noch sehr eingeschränkt und an ihren finanziellen Status gebunden. Zum Beispiel kann eine Person, die höchst qualifiziert sein mag, Präsident zu werden, das nicht ohne eine große Menge Geld tun, mit der solch ein Bestreben finanziert wird.

Eine gutgebildete Öffentlichkeit ist eine ‚Avenue', durch die solche Begrenzungen durchbrochen werden könnten. Wir sollten fragen, „Was für eine Art von Person wollen wir wirklich zum Präsidenten haben?" Indem wir das tun, setzen wir gewisse Maßstäbe und disqualifizieren dann automatisch jede Person, die nicht in der Lage ist, diese Standards zu erfüllen. Wir wären dann in der Lage, der richtigen Art von Einzelpersonen Möglichkeiten zur Führerschaft zu geben. Das mag idealistisch erscheinen, aber es wird schon in die Praxis umgesetzt, wenn auch langsam.

Unsere derzeitigen Führer tun ihr Bestes nach bestem Wissen. Allerdings träumt das Denken im Neuen Zeitalter von noch besserer Führerschaft und fordert sie ein. Wir sind mit dem Niveau unserer Führung nicht zufrieden, weil die Prüfungen und Gefahren, denen wir gegenüberstehen und gegenüberstehen werden, überwältigend sind. Die Gefahr ist universell; wir können uns nicht länger mit goody-goody Menschen zufriedengeben, oder mit durchschnittlichen Führern. Wir brauchen fortgeschrittene Individuen, die Visionen haben, die die ABSICHT und den PLAN kontaktieren und ihn der Menschheit übermitteln können. Wir brauchen jemanden, der auf eine ganzheitliche Art und Weise denken kann. Nur dann werden unsere Füße sicher auf festem Grund stehen. Wenn wir solche Führer nicht finden und sie nicht wählen, werden wir weiterhin auf dem Pulverfass sitzen mit einem brennenden Streichholz in der Hand.

Es wurde einmal berichtet, dass wir zwei Signale empfangen hatten, dass uns Russland angreife. Nachforschungen ergaben, dass ein Signal von einem defekten Computer herrührte und das andere durch einen Vogel verursacht worden war. Wenn unsere Verantwortlichen diese Unfälle nicht überprüft hätten, bevor sie handelten, wären wir alle „gekocht" worden.

Wir müssen den Schluss ziehen, dass das derzeitige Wohlergehen der Menschheit ein Zufall ist; so sicher sind wir. Alle unsere Zivilisationen und unsere Städte beruhen auf Zufall. Wie konnten wir an den Rand dieser Katastrophe kommen mit all dem Wissen, dem Intellekt, den Bildungseinrichtungen und der Kultiviertheit, die uns zur Verfügung stehen?

Ein sehr alter Mann sagte einst zu mir: „Meiner Meinung nach kannst du alle Universitäten und Fachhochschulen, die wir in der Welt haben, nehmen und ins Meer werfen, weil wir das Ergebnis in unseren Gerichtssälen sehen." Wenn unsere derzeitigen Bildungssysteme sich lohnten, hätten wir nicht die Resultate, die wir haben. Wir wären eine blühende Nation, frei von Kriminalität, Drogen und so weiter. Aber irgendetwas ist von Grund auf falsch und das ist unsere Philosophie des Wettbewerbs und der Unterdrückung.

Die schlimmste Form der Unterdrückung ist die Unterdrückung von Denken, Sprechen und Schreiben. Wir müssen unsere Freiheiten gewissenhaft beschützen und dürfen sie uns von niemandem nehmen lassen, nicht einmal auf ganz subtile Art und Weise.

Ein Politiker des Neuen Zeitalters ist nicht durch alte Prinzipien, Regeln, Regulationen, Verpflichtungen und Ideen gebunden. Wenn er etwas Falsches sieht, fragt er wieso, durchbricht die alten Wege und unternimmt unmittelbare Schritte, um die korrekten Veränderungen einzuleiten. Auf diese Weise werden wir wirklichen Fortschritt erzielen. Persönliches Prestige und persönliche Interessen werden nichts mit der Politik des Neuen Zeitalters zu tun haben. Zukünftige Politiker werden sich um das Wohlergehen der gesamten Nation kümmern und sie werden realisieren, dass ihre Nation nur sicher sein kann, wenn alle anderen Nationen sicher sind. Macht, Prestige und persönliches Interesse gehören zur altmodischen Denkweise. Wir brauchen neues Denken.

Es gibt ein altes armenisches Sprichwort, welches die altmodische Denkweise perfekt beschreibt: „Ein Bär hat nur ein Lied, und er singt unter allen Umständen nur dieses Lied." Es ist interessant zu beobachten, dass die meisten, wenn nicht sogar alle Zeitschriften und Zeitungen, die wir lesen, das Fernsehen, das wir schauen und das Radio, das wir hören, alle das gleiche Lied singen. Wir brauchen das Denken des Neuen Zeitalters, das uns mit neuen Prinzipien herausfordert und mehr Licht auf die Wahrheit wirft.

Zurzeit gibt es diese neuen Herausforderungen noch nicht in nennenswertem Maße. Das ist so, weil, sobald jemand etwas Neues und Herausforderndes präsentiert, ihm auf den Schwanz getreten wird. Ihm wird gesagt: „Du gehst zu weit, setz dich erst einmal hin." Großartige Menschen versuchen oft einen Durchbruch zu bewirken, aber sie gefährden auch ihr Leben. Es werden mehr großartige Männer und Frauen gebraucht, um die alten Wege zu durchbrechen. Wir brauchen viele, großartige, neu denkende Menschen, nicht nur ein paar. Wir brauchen tausende von Menschen, die in größerem Licht denken. Das wird uns Erleuchtung bringen.

Zwei sehr wichtige Grundsätze müssen in unser tägliches Leben eingebettet werden:

1. Konkurriere nicht mit Menschen und verursache keinen Wettbewerb mit anderen.
2. Unterdrücke keinen Menschen.

Wettbewerb darf nur im Streben nach Entwicklung bestehen. Er kann nur innerhalb des Einzelnen toleriert werden, nicht zwischen zwei Menschen, Gruppen oder Nationen. Der Einzelne mag an einem bestimmten Punkt sein, sieht eine Vision weiter und möchte diese Vision erreichen. Das ist Wettbewerb innerhalb der Person. Wenn wir Wettbewerb zwischen uns und einer anderen Person erzeugen, werden wir selbstsüchtig. Wir hassen die andere Person, belasten uns mit falschen Emotionen und Gedanken und verlieren schließlich unsere eigene Absicht. Solch ein Wettbewerb ist eine Straße, die zu Verschwendung führt.

Die NATUR wird uns nicht ewig erlauben, IHRE Ressourcen zu vergeuden. Sie hat nur eine begrenzte Menge davon. Dennoch vergeuden wir, indem wir horten oder noch schlimmer, indem wir wegschmeißen, was wir nicht verkaufen können.

Wir stehen auf einer falschen Grundlage. Unsere Kinder, unsere Eingeweihten, die noch geboren werden müssen, müssen neue Mittel und Wege zur Verfügung haben, um die Probleme anzugehen, denen sie gegenüberstehen werden. Eine Sache ist klar: durch alte Denkweisen können keine neuen Wege gefunden werden. Statistiken über die Wirtschaftslage, Einkommenszahlen, Geschäftserfolge und -misserfolge, Depression, Arbeitslosigkeit, Kriminalität und anderes zeigen uns, dass die Situation zunehmend schlechter wird. Unsere Nation ist nicht gesund, genauso wenig wie unser Globus. Wenn wir herausfinden, dass unser Körper nicht gesund ist, gehen wir zu einem Arzt. Wir müssen gleichsam einen „Arzt" für unsere nationalen und globalen Probleme finden.

Dieser Mediziner des Neuen Zeitalters muss ein wahrer Denker sein, der sich in wahrhaft schöner Art und Weise erklären und organisieren kann.

Diejenigen, die im Neuen Zeitalter dienen, können keine Kriminellen sein, die übervorteilen, rauben und morden. Die größte Macht der Neuen Gruppe der Weltdiener ist die Liebe, die Dankbarkeit und der Respekt vor den von ihren Mitgliedern in Ehren gehaltenen Rechten der anderen. Es gibt keinen Separatismus in ihnen.

All dies sagt nicht, dass es keine Konflikte geben wird. Liebe, Dankbarkeit, Respekt, Friede und Schönheit werden Wettbewerb ersetzten, aber es wird immer noch Konflikte geben. Wahrer Konflikt ist die Spannung, die entsteht, wenn es eine Vision gibt und die Mittel und Wege fehlen, diese Vision zu erreichen. Von dem Punkt aus, an dem man sich befindet, nach einer Vision zu streben, das ist wahrer Konflikt.

Stell dir vor, du hast das Ziel, Arzt zu werden aber nicht das Geld dazu. Der Konflikt beginnt. Du gibst dein Äußerstes, die Bedingungen zu erschaffen, die geistige Verfassung, Materialien und Bücher, die dir erlauben werden, dein Ziel, ein Arzt zu werden, zu erreichen. Du lieferst dir einen Kampf mit deinen Begrenzungen.

Man braucht sich keinen äußeren Feind zu erschaffen, um dann gegen ihn zu kämpfen. Wir haben außen Pseudo-Feinde erschaffen und sie dann bekämpft, ganz wie Don Quichote.

In vielen Fällen erschaffen unsere Politiker Gründe, uns auszubeuten. Wir wenden die gleiche Technik bei unseren Kindern an, wenn wir sagen: „Geh nicht nach draußen, da wartet ein Wolf auf dich." In Wirklichkeit ist da kein Wolf; wir wollen nur unsere Kinder kontrollieren, also erfinden wir eine Lüge. Doch schließlich glauben wir, dass da ein Wolf ist, und wollen nicht mehr nach draußen gehen. Es ist solch eine jämmerliche Situation. Unser wirklicher Konflikt existiert nicht außerhalb, sondern zwischen uns selbst und unseren Begrenzungen. Wir müssen diese Begrenzungen aufbrechen.

Wenn wir eine Begrenzung durchbrechen, sehen wir uns der nächsten gegenüber. Unvollkommenheit ist unsere einzige Begrenzung und das ist das Gebiet, auf dem wir kämpfen müssen.

Kapitel 8

Integrität und Zusammenarbeit

Unsere Lebensumstände sind im Allgemeinen Spiegelungen der Bedingungen, die in unserem Mentalreich existieren. Wenn unser Mentalreich chaotisch ist, voller Aufruhr und Durcheinander, wird unser Leben chaotisch, voller Aufruhr und Durcheinander sein. Je harmonischer unsere Gedanken sind, desto gesünder werden wir auf der physischen Ebene sein. Eine Störung auf der mentalen Ebene erschafft Störungen in unseren Chakren, Drüsen, Organen und in unserem Nervensystem. Folglich ist die Hauptquelle unserer Gesundheit ein Verstand (engl. mind), der in seiner eigenen Sphäre harmonisch ist.

Daraus folgt, dass die meisten körperlichen Krankheiten innere chaotische Zustände sind. Deshalb müssen wir nicht nur versuchen, ein Leben in Zusammenarbeit mit der äußeren Welt zu leben, sondern auch Zusammenarbeit mit unseren emotionalen und mentalen Welten zu erschaffen. Unsere Gedanken, Emotionen und Handlungen kämpfen oft gegeneinander, und dennoch erwarten wir ein erfolgreiches, glückliches Leben. Unser Leben ist eine Spiegelung unseres Bewusstseinszustandes. Indem wir in unserem Bewusstsein Harmonie verbreiten, verfeinern und erschaffen, erschaffen wir ein besseres Leben, das uns dann für Zusammenarbeit konditioniert.

Wenn eine Person keine innere Integrität hat, wird sie zu einem Problem für diejenigen, die versuchen, durch Zusammenarbeit eine große Aufgabe zu erfüllen. Einmal sagte mein Vater dem Manager seiner Apotheke: „Entferne die zerbrochene Klingel von der Apotheke." Als ich ihn später bat, mir die Bedeutung seiner Worte zu erläutern, sagte er „Eine zerbrochene Klingel ist ein Arbeiter, der im Orchester der Arbeit nicht richtig klingelt. Wir müssen ihn entlassen, um den Erfolg unserer Arbeit sicherzustellen."

In der Zusammenarbeit ist es wichtig, Integrität in unseren Gedanken und Handlungen zu haben, wobei die allerwichtigste Integrität diejenige unserer emotionalen Natur ist. Zu diesem Zeitpunkt in der Geschichte ist die emotionale Natur des Menschen sein aktivster Aspekt und sie beeinflusst sowohl seinen mentalen als auch seinen physischen Körper voll und ganz. Wenn die emotionale Natur nicht in Ordnung ist, verursacht sie sowohl im physischen als auch im mentalen Körper Verwüstung.

Emotionale Integration und Harmonie entwickeln sich in einer Person, wenn sie Liebe, Hingabe, Engagement, Respekt, Vertrauen und Streben praktiziert. Wenn solche Energieströme im Astralkörper einer Person zirkulieren, erschaffen sie Harmonie und Integration und der Astralkörper kommt dadurch in Zusammenarbeit mit den anderen Körpern.

Hass und Bosheit gegen irgendjemanden zu hegen, ist der sicherste Weg, durch die kleinste Regung dieser Person aufgewühlt zu werden. Wenn wir stattdessen anfangen, gute Gedanken und Gefühle auszusenden oder sie zu segnen, kann sie nicht länger Unruhe in uns verursachen. Auf diese Weise schützen wir uns selbst nicht nur vor selbst verursachter Vergiftung, sondern geben der anderen Person auch eine Gelegenheit, sich zu ändern.

Es ist wichtig zu verstehen, dass unser Wohlergehen vom Wohlergehen unserer Nachbarn, Freunde und Mitarbeiter abhängt. Ein wahrer Anführer muss versuchen, gute Bedingungen für alle zu erschaffen, wenn er in besseren und produktiveren Bedingungen leben will. Dies gilt auch für Gruppen und Nationen.

Das politische Denken in der Welt heute ist seit Millionen von Jahren überholt. Neues politisches Denken muss um die diamantartige Maxime entwickelt werden: „Das Wohlergehen unserer Nachbarn, Freunde, Mitarbeiter und Angestellten ist wichtiger als unser eigenes Wohlergehen. Sie gesund, glücklich, erfolgreich, aufgeklärt und sicher zu machen, bringt reichlich Segnungen zu uns und der Welt". Diese Maxime muss in die Herzen und Köpfen (engl. mind) von Politikern und Diplomaten eingraviert werden, genauso wie in die Köpfe aller Menschen, wenn wir Zusammenarbeit in der Welt wollen.

Menschen sind sehr neugierig und wollen wissen, was mit dem Wort „Nachbar" gemeint ist. Ein Nachbar ist RAUM und alles, was in ihm ist. Der entfernteste Stern ist dein Nachbar, wenn in deinem Herzen Liebe ist. Wenn du jedoch keine Liebe hast, existiert nicht einmal der nächstgelegene Gegenstand für dich. Das Ausmaß deines Interesses am Wohlergehen anderer entscheidet, ob sie deine Nachbarn sind oder nicht.

Wenn Politik, Religion, Philosophie und andere Disziplinen die Menschheit zu ihrer endgültigen Zerstörung führen, zum Abbau der Ozonschicht, zu Verschmutzung und Verseuchung, und zu den sich daraus ergebenden Krankheiten, weist das darauf hin, dass wir unsere Zeit, unser Geld, unsere Ressourcen und unsere Energie verschwendet haben. Dies wiederum erschafft die Art von Politik, Religion, Wissenschaft, Künste, Philosophie und Wirtschaft, die gegen unsere Freude, unser Glück und unser Überleben arbeiten. Wahre Politik, Wissenschaft, Philosophie und Religion sollte uns

Gesundheit, Glück, Wohlstand, Zusammenarbeit und Aufklärung bringen.

Unser Leben auf diesem Planeten ist heute in äußerster Gefahr. Gibt es einen Ausweg? Die Lösung für die Situation, in der wir uns befinden, kann darin gefunden werden, die obige Maxime zu verwirklichen.

Das GESETZ der ZUSAMMENARBEIT ist ein allumfassendes, alles einschließendes Gesetz. Die höchste Form der Ökonomie kann nur durch die Anwendung des GESETZES der ZUSAMMENARBEIT erreicht werden. Menschen werden in Kürze entdecken, dass ihnen „Ökonomie" durch die Regierungen aufgezwungen wird, weil die Versorgung mit verschiedenen lebensnotwendigen Gütern Jahr für Jahr schlechter wird. Einer der Gründe, warum es einen Rückgang im Angebot geben wird, ist der, dass das GESETZ der ZUSAMMENARBEIT verletzt wurde.

Wettbewerb, der Wunsch nach einem modebewussten, luxuriösen Leben, Kriege, Revolutionen, und das Anhäufen von riesigen Beständen von Kriegsausrüstung haben die Quellen unserer Versorgung erschöpft. Versorgung bezieht sich auf unser Wasser, auf die Luft, Nahrung, Ozon und andere natürliche Ressourcen. Zusammenarbeit könnte diese „Nutztiere" der Menschheit retten.

Tausende Menschen in unseren Städten sind obdachlos. Sie schlafen und leben auf der Straße. Kannst du dir vorstellen, wie viel Verschmutzung sie in der Gesellschaft verursachen? Können wir sie nicht mit Wohnungen und Arbeit versorgen? Welch eine Verschwendung von menschlichen Ressourcen. Es mangelt uns an Intelligenz, diese große Ressource produktiv zu nutzen. Die Summe, die für eine einzige Atombombe ausgegeben wird, könnte die Obdachlosen versorgen, Arbeitsplätze für sie schaffen und unsere Weisheit in der Anwendung des GESETZES der ÖKONOMIE demonstrieren.

Zusammenarbeit ist der Prozess, potentiell nützliche Elemente in der Gesellschaft zu finden und sie in den gemeinsamen Arbeitspool einzugliedern, nachdem man sie mit Wohnungen, Fähigkeiten, Glücksempfinden und Selbstwert ausgestattet hat. Eine der Aufgaben von Führerschaft ist es, herauszufinden, wie und wo unsere Ressourcen verschwendet werden und wie wir wirklich haushalten können.

Regeln der Zusammenarbeit

Wenn eine Person die Kunst der Zusammenarbeit lernen möchte, muss sie über folgende Punkte nachdenken, meditieren und sie in die Tat umsetzen:

1. Selbst-Vergessenheit
2. Harmlosigkeit
3. Richtiges Sprechen
4. Toleranz
5. Freiheit
6. Freudigkeit
7. Inklusivität
8. Bewunderung
9. Meditation über den Gedankensamen ‚Zusammenarbeit'

Es gibt Elemente, die **gegen** Zusammenarbeit **arbeiten** und als ihr Feind wirken.

Hier eine Liste einiger von ihnen, um darüber nachzudenken:

- Gewohnheiten
- Blindes Verlangen und blinde Triebe
- Trägheit
- Angst
- Hass
- Ärger
- Eifersucht
- Depression
- Habgier
- Rache
- Eitelkeit
- Ego
- Separatismus
- Dummheit
- Selbstsucht
- Unehrlichkeit
- Bosheit
- Verleumdung
- Verrat

Es gibt auch viele Elemente, die daran arbeiten, Zusammenarbeit **einzuträufeln** und die als Freunde der Zusammenarbeit agieren:

- Disziplin
- Willenskraft
- Streben

- Furchtlosigkeit
- Liebe
- Toleranz
- Inklusivität
- Freude
- Teilen
- Versöhnlichkeit
- Bescheidenheit
- Selbstlosigkeit
- Einheit
- Intelligenz
- Mitgefühl
- Aufrichtigkeit
- Treue

Wenn eine Person sich in Gruppenarbeit engagiert, wird sie bemerken, wie solche Elemente entweder Schwierigkeiten schaffen, oder Menschen helfen, immer besser zusammenzuarbeiten. Ein Anführer muss seine Mitarbeiter darin schulen, die Probleme verursachenden Elemente zu eliminieren und in ihnen diejenigen zu kultivieren, die mehr und anspruchsvollere Zusammenarbeit herbeiführen.

Die Punkte in den oben genannten Listen können als Diskussionsthemen oder Gedankensamen für die Meditation benutzt werden. Manchmal müssen sich die Gruppenmitglieder zusammensetzen und sie diskutieren, vor allem diejenigen, die Ärger verursachen. Die Gruppe kann durch solche Diskussionen erleuchtet werden und viel unbewusstes Verhalten kann von diesem Licht beleuchtet werden. Gruppenmitglieder können auch zusammenkommen, um sich die negativen Elemente zu gestehen, die sie unbeabsichtigt einbringen, um die anderen Mitglieder um Hilfe zu ersuchen.

Selbstverständlich ist es ungesund, sich zu oft auf die Schwächen der Gruppenmitglieder zu konzentrieren. Wir müssen auch die positiven Elemente bedenken, besprechen und diskutieren, jene, welche zu Zusammenarbeit beitragen. Durch das Nachdenken und Meditieren über die positiven Elemente vergrößert eine Gruppe ihre Effizienz, ihren kooperativen Geist und ihre Freude. Erfolg, wenn bemerkt, bringt immer noch mehr Erfolg.

Lasst uns auf einige der positiven Elemente näher eingehen.

Furchtlosigkeit ist eine Haltung und ein Bewusstseinszustand, der auf der sehr weisen und intelligenten Entscheidung beruht, sich in einer größeren Arbeit zu engagieren, ohne Bedenken über die damit zusammenhängenden persönlichen Opfer.

Toleranz ist die Fähigkeit, anderen die Chance zu geben, so zu denken, zu fühlen und zu handeln, wie sie wollen, solange sie nicht die Freiheit und die Rechte anderer Menschen verletzten. Toleranz ist die Fähigkeit, anderen die Chance zu geben, sich selbst auszudrücken; sie dir zeigen zu lassen, was sie sind und was sie tun können. Toleranz ist eine Fähigkeit, Menschen die Freiheit zu geben, ihre Religion auszuüben, zu werden, was sie wollen, und so zu dienen, wie sie wollen. Nur tolerante Menschen können von ganzem Herzen mit anderen zusammenarbeiten.

Inklusivität ist die hervorragendste Qualität eines wissenschaftlichen, realistischen Geistes. Negierung gibt es für eine alles einschließende Person nicht. Sie lernt von jedem Phänomen oder Ereignis, alle Vorkommnisse genau beobachtend. Solche Menschen machen großartige Mitarbeiter aus, weil sie sich von separatistischen Menschen nicht beeinflussen lassen, von ihrem Weg abzukommen.

Vergebung ist wie Rohre reinigen und den Kommunikationsfluss wieder herstellen.

Streben ist eine sehr große Tugend in den Bemühungen um Zusammenarbeit. Solange nicht jeder vorankommt und Fortschritte macht, ist es unmöglich, die Balance der Gruppe zu halten oder höhere Ziele zu erreichen. Zusammenarbeit erfordert Fortschritt; Jene, die nicht streben, können mit dem anhaltenden Fortschritt nicht mithalten. Sie werden zu Hindernissen auf dem Pfad der Gruppe. Streben bedeutet auch, persönliche und familiäre Probleme soweit wie möglich von der Gruppe fernzuhalten und sich so gut es geht in die Gruppenarbeit einzubringen, ohne Probleme zu verursachen. Manche Menschen laden ihre persönlichen und familiären Probleme in der Gruppe ab, wenn sie nicht selbst damit umgehen können.

Bescheidenheit ist das Ergebnis davon, sich selbst wirklich und tatsächlich zu kennen. Das bedeutet nicht, dass eine Person bescheiden wird, wenn sie Namen und Anzahl ihre Fehler, Misserfolge und falschen Taten kennt. Sich selbst zu kennen, bedeutet, zu wissen, wie weit man von seiner höchsten Bestimmung entfernt ist und wie viel härter man streben muss, um den erforderlichen Fortschritt zu machen.

Freude kann einer Person genommen werden, wenn sie Abhängigkeit von ihrer eigenen Sicherheit, ihrem Besitz oder ihrer Position entwickelt. Ihre Freude kann ihr durch die Objekte genommen werden, von denen sie annimmt, dass sie ihr Sicherheit bringen. Um diese Objekte zu beschützen, wird sie alles tun, was möglich ist und gegen das GESETZ der FREUDE handeln. Um das zu verhindern, muss eine Person einen Zustand herstellen, in dem alles aufgegeben wird. Die Freude wird dann mehr werden.

Freude ist die Quelle aller Segnungen. Wenn eine Person ihre Freude verliert, verliert sie alles und wird zu einer Maschine. Freudvolle Menschen sind die besten Mitarbeiter. Auf sie kann man sich verlassen.

Diejenigen, die die negativen Elemente der obigen Liste in sich haben, sind diejenigen, die ein tiefes Gefühl der Schuld hegen. Es überrascht nicht, dass diejenigen, die verborgene Schuld in sich tragen, auf negative Weise handeln und in ihrer Umgebung für Schwierigkeiten sorgen. Schuldbeladene Menschen können nicht in irgendeinem Projekt, das mit der Transformation der Welt in Zusammenhang steht, zusammenarbeiten.

Eine Person mit Schuldgefühlen in eine hohe Position zu bringen gefährdet jedes Projekt, weil sie die Dinge aus dem Blickwinkel ihrer Schuld sieht und Menschen und Ereignisse falsch einschätzt. Manchmal werden ihre schuldbeladenen Erinnerungen in einer Gruppensituation intensiv wiederbelebt, so dass sie alles mit Gereiztheit tut, was Reibung und Probleme in der Gruppe verursacht.

Mitglieder einer Gruppe müssen so weit wie möglich frei sein von schweren Schuldkomplexen und relativ frei von Sorge und Angst. Selbstverständlich ist es schwierig, Menschen ohne Schuldkomplexe zu finden, aber es ist möglich, einen speziellen Studienplan und Übungen für sie zu erstellen, so dass sie sich von jeglichen Komplexen befreien können. So ein Prozess muss über eine lange Zeitspanne ausgeführt werden und das Verhalten dieser Menschen muss sorgfältig beobachtet werden, um sicher zu gehen, dass es gefahrlos ist, sie in die Gruppe aufzunehmen.

Einige Anzeichen für Schuldkomplexe – unter vielen anderen – sind:

- Gedächtnisschwund oder schwaches Gedächtnis
- Reizbarkeit
- Depression
- Hang zu streiten
- Faulheit
- Pessimismus
- Angst
- Schwache Gesundheit
- Schlafschwierigkeiten
- Vereinsamung
- Nachlässigkeit
- Geistesabwesenheit

Bevor Menschen nicht in ihren Familien und ihren Betrieben Zusammenarbeit zeigen können, muss man vermeiden, sie in fortgeschrittene Gruppen oder in Gruppen, die mit sensitiven Bemühungen zu tun haben, aufzunehmen. Manchmal sind spirituelle Gruppen wie Heime, in denen viele Freaks und Spinner leben. Aber eine wirklich spirituelle Gruppe muss folgendes beweisen:

a. Sachlichkeit und Realismus
b. Praktische Veranlagung, Bodenständigkeit
c. Vernunft, Logik
d. Kreativität, Intelligenz
e. Bemühen
f. Zusammenarbeit

Das ist der Grund, warum das Ansteigen der Mitgliederzahl spiritueller Gruppen ein sehr langsamer und stufenweiser Prozess sein muss. Nur Menschen, die einer Prüfung und Reinigung unterzogen wurden, darf es erlaubt sein, ein Mitglied zu werden, um das Bemühen um Zusammenarbeit weiterzuführen.

Egoisten sind unfähig für jegliche uneigennützige, auf Humanität basierende Ziele zusammenzuarbeiten, wenn sie nicht zuerst ihre separatistischen Interessen abgesichert haben. „Ego" bedeutet „Alles für mich – wenn du nicht für meine Interessen arbeitest, mache ich nicht mit." Das Ego zwingt anderen seine Ideen und Meinungen auf und gibt ihnen keine Chance, offen ihre Meinung zu sagen.

Separatismus verhindert den Erfolg der Bemühungen um Zusammenarbeit weil, wenn eine Person einer Gruppe beitritt, um ihre separatistischen Interessen zu vertreten, sie immer ein Ausgangspunkt für Spaltung ist. Zusammenarbeit kann mit Spaltung und Separatismus nicht bestehen.

Dummheit ist sehr schädlich in Gruppen. Eine dumme Person ist jemand, die gegen ihre eigenen Interessen, ihre Evolution und ihr Überleben arbeitet. Eine dumme Person mag erhabene Ziele haben, aber sie arbeitet gegen diese.

Freier Wille und Zusammenarbeit

Manchmal fragen sich Menschen, ob Zusammenarbeit ein Verstoß gegen den freien Willen ist. In Wirklichkeit ist das, was wir freien Willen nennen, hauptsächlich aus diesen Elementen, unter anderen, zusammengesetzt:

- Wünsche
- Blindes Verlangen und blinde Triebe
- Negative und positive Emotionen

- Posthypnotische Suggestionen
- Tief eingeprägte Ereignisse und Bilder
- Reaktionen
- Erwiderungen

Die meiste Zeit handeln wir wie eine Maschine unter dem Willen dieser Faktoren im Glauben, unter unserem eigenen freien Willen zu handeln. Das ist der gravierendste Selbstbetrug, dem eine Person unterliegen kann.

Wahre Willenskraft und freier Wille können nicht in uns wirken, außer wenn unser Bewusstsein auf der HÖHER MENTALEN, der INTUITIVEN oder noch HÖHEREN EBENEN fokussiert ist. Wenn wir uns auf diese Ebenen begeben, verlieren wir unseren „freien Willen" oder mechanischen Willen und verschmelzen mit dem Willen Höherer KRÄFTE, kreativer Kräfte, und schließlich mit dem WILLEN des VATERS.

Je länger du deinen „freien Willen" nutzt, ein desto besserer Sklave deines niederen Selbst wirst du. Aus diesem Grund musst du dich von deiner mechanischen Natur befreien und jene Kräfte, Einflüsse, Begierden, Triebe, Eitelkeiten, Illusionen und Verblendungen entdecken, die im Namen des „freien Willens" handeln. Schließlich zeigt uns Zusammenarbeit, wie wir unseren „freien Willen" aufgeben und unseren Willen dem Willen des GEMEINWOHLS, der Vision der Gruppe einverleiben.

Es ist möglich, die mechanische Seite unserer Natur zu entdecken, indem wir uns die folgenden drei Fragen stellen und versuchen, sie ehrlich zu beantworten:

1. Warum denke, spreche und handle ich auf die Art und Weise wie ich bin?

2. Wem oder was diene ich?
3. Wer oder was kontrolliert mich?

Zusammenarbeit ist erfolgreich, wenn wir diese drei Fragen ernsthaft beantworten können. Zusätzlich sollten wir uns selbst fragen: „Was in mir ist es, das mich veranlasst, Zusammenarbeit abzulehnen?"

Genauso, wie es mit unserem freien Willen ist, genauso ist es mit unserem Denken. Echtes und ursprüngliches Denken ist nicht möglich, bevor wir nicht dazu fähig sind, unsere mechanischen Denkprozesse oder blinden mentalen Reaktionen zu stoppen oder zu kontrollieren. Wenn wir unsere Gedanken, die den ganzen Tag ununterbrochen vor sich gehen, beobachten, werden wir sehen, dass sie unseren körperlichen Bedürfnissen, unserem Ego, unseren Emotionen, Wünschen, Begierden und Trieben dienen, und entweder versuchen, bestimmte Probleme zu lösen oder Probleme verursachen. Solches Denken ist kein wahres Denken.

Wahres Denken beginnt, wenn die Gedanken einer Person anfangen, Mittel und Wege zu finden, die Vision einer Gruppe zu verwirklichen, die Probleme, die die Verwirklichung der Vision behindern, zu lösen oder mehr Zusammenarbeit in jenen zu erschaffen, die sich der Vision verschrieben haben. Mechanisches Denken verschwindet langsam, wenn der Verstand (engl. mind) sich eingehend mit der Vision beschäftigt und versucht, sie zu verwirklichen.

Wahres Denken beginnt, wenn die Person damit aufhört, über sich selbst und über ihre selbstsüchtigen Interessen nachzudenken und ihr Denken freisetzt, um immer größere Visionen zu umarmen.

Kapitel 9

Freundschaft

Freundschaft ist die Grundlage, auf der Gruppenbewusstsein gebildet und Zusammenarbeit erlernt und praktiziert wird. Tatsächlich ist unsere gesamte soziale Struktur auf Freundschaft aufgebaut. Der Erfolg kooperativer Bemühungen und des Gruppenbewusstseins hängt von der Qualität der zwischenmenschlichen Beziehungen ab. Freundschaft formt die beste Qualität, auf der solche Beziehungen aufgebaut werden. Eines Tages wird die Wichtigkeit von Freundschaft erkannt werden; Philosophen, Psychiater und Psychologen werden über die Wissenschaft der Freundschaft schreiben.

Freundschaft gibt es in vielen Formen. Freunde im geläufigen Wortsinn sind eine Art; deine Familie verkörpert eine andere. Deine Gruppe und deine Arbeitskollegen sind ebenfalls Freunde. Eine Form der Freundschaft ist es, eine Arbeitsgruppe zu haben. Deine Nation stellt eine Art Freundschaft dar – ohne Freundschaft gibt es keine Nation. Wenn alle Nationen vereint sind, gibt es internationale Freundschaft. Wir sehen also, Freundschaft nimmt viele verschiedene Formen an.

Woher kommt der Drang danach, Freunde zu haben, eine Familie zu haben, in Gruppen und Kirchen zu sein, in Organisationen und Nationen? Vielleicht liegt die Antwort auf diese Frage in der Vorstellung, dass **jedes menschliche Wesen ein Teil eines großen Puzzles ist. Jedes „Einzelteil" versucht die anderen „Teile" zu finden, um sich zu vervollständigen.**

Es gibt einen Drang in uns, Freundschaften zu schließen; wir können nicht für uns alleine leben. Irgendwo sind wir in jeder Minute bis zu einem gewissen Grad von etwas oder jemandem abhängig. Freundschaft ist ein Prinzip, ein Gesetz. Selbst wenn es ihnen nicht bewusst ist, suchen Menschen nach Freundschaft – es ist ein angeborener Trieb im Menschen. Kleine „Puzzleteile" suchen und finden einander und schließlich wird ein größeres Stück des Puzzles zusammengefügt. Dann beginnen die größeren Teilstücke, nach anderen zu suchen. Schließlich wird das ganze Puzzle vollendet sein.

Jedes Puzzleteil hat vier Dimensionen. Die Teile fügen sich physisch, emotional, mental und spirituell zusammen. Sagen wir, das gesamte Puzzle bildet eine Menschheit. Wenn die Menschheit sagt, „wir sind eine Rasse", ist der physische Aspekt des Puzzles gelegt. Danach gleichen sie sich emotional besser an und noch feiner mental. Zuletzt folgt eine sehr feine Angleichung spirituell. Wenn das geschehen ist, wird jedes Puzzleteil seine richtige Position, seinen richtigen Platz gefunden haben.

Wenn du einmal deinen richtigen Platz und die richtigen Teile gefunden hast, mit denen du das Bild vervollständigst, erhöhst du sofort deinen eigenen Wert und den der anderen. Als ein kleines Teil, hast du keinen Wert, bis du dich mit dem nächsten Puzzleteil verbindest und dich so größer und größer machst. Indem du mehr Verbindungen herstellst und mit anderen Puzzleteilen oder Puzzleabschnitten immer vollständiger wirst, wird dein Wert größer. Du vergrößerst und erweiterst dich, bis du mit dem ganzen Bild eins bist. Am Ende kannst du sagen „Ich bin das Bild" – du bist vollständig; du bist erfüllt.

Das ist eine Wissenschaft, über die geschrieben werden muss, anstelle von Verbrechen oder Tratsch oder Mord. Kinder lesen diese schädlichen Dinge und denken: „Wir können destruktiv sein wie unsere Anführer und Vorbilder". Warum wird über Themen wie Freundschaft so wenig geschrieben und gesprochen? Wir müssen mehr über diese Wissenschaft schreiben und sprechen.

Es kann keinen Erfolg, keine Vollständigkeit, Integrität oder Ganzheit geben, bevor nicht jedes Individuum ein Ganzes ist. Eine Person kann nur „ganz" werden, wenn sie alle anderen „Teile" findet und sich in sie einfügt. Diese „Teile" mögen immer noch feindselig zueinander sein, weil sie die passende Stelle für sich noch nicht gefunden haben. Sie müssen an ihren richtigen Platz gelegt und Teil des größeren Bildes werden.

Jedes menschliche Wesen, das eine Freundschaft beginnt, muss sie bis zur Vollkommenheit fortsetzen. Freundschaft existiert nur in kontinuierlicher Verbundenheit und Vollständigkeit mit einem anderen Teilstück des Puzzles. Wenn du zum Beispiel, eine Freundin hast, werdet ihr physisch und emotional ganz werden, dann mental und spirituell. Wenn du eine Familie gründest, muss diese Familie Teil einer größeren Familie sein, einer größeren Gruppe und einer größeren Nation. Auf diese Weise wächst du und erweiterst dich. Wahre Freundschaft existiert nicht, bis sie fortgeschritten, erweitert und immer inklusiv ist.

Die Krankheiten der Menschheit gründen auf dem Ignorieren dieses Prinzips. Wenn Menschen Gruppen bilden, sagen sie oft: „Andere Gruppen sind Mist." Wenn wir eine Nation werden, sagen wir: „Wir sind die beste Nation; andere sind nichts." Viele der Aktivitäten, die wir betreiben, um uns zu organisieren, zielen in erster Linie darauf ab, andere zu zerstören. Dies arbeitet gegen das Gesetz und das Prinzip des **Dranges zum Puzzlebauen.**

Wahre Politik, wahre Politiker werden uns erzählen: „**Vereinigt euch mehr und mehr. Bildet bessere, engere Beziehungen. Erschafft bessere Beziehungen auf höheren Ebenen mit größerer Kreativität und mehr Inklusivität.**" Das ist es, was **wahre Freundschaft** bedeutet. Das ist die Grundlage.

Schritte für das Schließen von Freundschaften

1. **Befreundet sein bedeutet, sich einzusetzen.** Ohne Einsatz fehlt Freundschaft eine Grundlage. Wenn Freundschaft auf Selbstinteresse und dem Ausnutzen des Anderen basiert, ist es keine Freundschaft. Wenn ich dein Freund bin, werde ich mich für dein Wohlergehen einsetzen. Wenn es keinen Einsatz gibt, gibt es keine wachsende Freundschaft. Es gibt viele Hürden auf dem Weg, die bewirken, dass Engagement verhindert wird, aber letztendlich wird der weise Mensch Mittel und Wege finden, sie zu umgehen.

Wenn Einsatz da ist, fängt Freundschaft an. Natürlich bringt Einsatz Kopfschmerzen, Schwierigkeiten, Hindernisse und Komplikationen mit sich. Aber das ist gut so, denn jede Schwierigkeit, Hürde, Komplikation und jedes Hindernis kann aus uns hervorgeholt werden, und alle Elemente, die nicht am Puzzle-Bau-Prozess mitwirken, können dabei vertrieben werden.

2. **Beim Freundschaft schließen musst du eine Vision haben.** Was ist deine Vision bezüglich Freundschaft? Es ist die Vision, die euch einander näher bringt und euch vereinigt. Menschen denken, dass sie Ganzheit ohne eine Vision erschaffen können. Das ist nicht wahr. Wenn die Menschheit die Vision hätte, die gesündeste und erfolgreichste Rasse auf dieser Erde zu erschaffen, würde jede Nation für diese Vision arbeiten. Wenn du einen Freund hast, musst

du eine Vision erschaffen. Frage, „Warum kommen wir zusammen?" Die Antworten auf diese Frage wird viele Dinge enthüllen – falsche Dinge, gute Dinge, richtige Dinge, „viereckige" Dinge, „runde" Dinge und so weiter. Zuerst kommt Einsatz, dann die Vision.

Eine Gruppe muss eine Vision haben. Eine Kirche, eine Nation, eine Familie muss eine Vision haben. Wenn die Familienmitglieder ohne gemeinsame Vision in verschiedene Richtungen gehen, kann diese Familie nicht weiterbestehen. Sie kann sich als Gruppenteil nicht in das größere Puzzle einpassen.

3. **Jede Person muss fragen und denken: „Wie kann ich die andere Person gesünder, glücklicher, erfolgreicher und aufgeklärter machen?"** Wenn zwei Menschen die Gesundheit voneinander nicht beachten, nutzen sie einander aus. Jeder muss denken: „Die Gesundheit dieses Mannes oder dieser Frau ist meine Gesundheit; die Gesundheit dieser Gruppe ist unsere Gesundheit; die Gesundheit dieser Nation ist auch unsere Gesundheit." Wie können wir Einzelpersonen, Gruppen und Nationen dazu bringen, hierüber nachzudenken? Unser Hauptinteresse sollte sein, wie man einander gesünder, glücklicher, erfolgreicher und aufgeklärter macht.

Es ist wichtig, Wege zu finden über diese Fragen zu sprechen. Wenn ihr zusammen esst oder zusammen schwimmen geht, sprecht mit euren Freunden über diese Ideen. Fragt sie: „Wie kann ich zu deiner Gesundheit beitragen?" Ich kenne viele Familien, in denen der Ehemann bis zum Morgen trinkt und seine Frau nötigt zu trinken. Das ist keine Freundschaft. Oder der Ehemann gibt eine Menge Geld beim Glücksspiel aus, während die Frau weint und verzweifelt ist. Er sagt, „Ich liebe dich. Hier sind fünfhundert Dollar; kaufe etwas" und verschwindet dann am nächsten Tag. In solchen

Situationen gibt es kein Engagement, keine Vision und kein Interesse, den anderen gesünder und glücklicher zu machen. Frage, „Wie kann ich dich glücklicher machen? Wie kannst du mich glücklicher machen?" Vergiss nicht, dass eine Freundschaft auf Wechselseitigkeit beruht. Das sind so grundlegende Konzepte; und wenn diese Konzepte nicht in die Praxis umgesetzt würden, würden Familien, Gruppen oder Nationen nicht existieren.

Vierzehn Grundprinzipien von Freundschaft

1. **Treue und Vertrauen.** Es bietet solch eine psychologische Befreiung, einen Freund zu haben, mit dem du sprechen und dem du dein Herz öffnen kannst, bei dem du dich über das Leben beklagen und darüber weinen kannst – was auch immer du willst. Solch ein Freund ist der beste Psychiater. Solch ein Freund muss vertrauenswürdig sein und treu. Im Gegenzug musst du vertrauenswürdig und treu sein. Ich kenne viele Freunde, die so beginnen: „Willst du mein Freund sein?" „In Ordnung." „Können wir uns unsere Geheimnisse anvertrauen?" Zehn Tage später hassen sie sich gegenseitig und enthüllen die Geheimnisse des anderen überall. Es gibt keine Selbstverpflichtung, keine Vision und kein Interesse für das Wohl des Anderen.

Menschen befassen sich mit Dingen wie Okkultismus, Magie, den Sternen, Tarot Karten, der KABBALA. Studiere sie, wenn du magst, aber viel wichtiger: kenne und praktiziere zuerst die Grundregeln von Freundschaft. Wenn du keine richtigen Freundschaften schließt, fügst du das Puzzle nicht zusammen. Mein Vater pflegte zu sagen: „Eine Tasche kann verschiedene Dinge enthalten, aber sie hört nicht auf eine Tasche zu sein, aufgrund dessen was sie enthält." Du kannst im Prozess des Puzzlefertigens nicht vorankommen, wenn du keinen Freund findest und selbst kein Freund bist. Es gibt keinen Fortschritt im Leben, außer auf dem Pfad der Freundschaft.

Je tiefer und echter dein Vertrauen, desto größer die Freude, die du in deiner Familie oder in jeglicher Freundschaft erfahren wirst. Hast du einen Freund, dem du wirklich vertraust? Kannst du dein ganzes Herz, dein gesamtes Bankkonto, all deine Geheimnisse diesem Freund anvertrauen? Ist er dir gegenüber vertrauenswürdig und treu? Wenn das so ist, ist er ein sehr seltener Segen.

Ein GROSSER wurde einst gefragt: „Welches ist das höchstentwickelte menschliche Wesen?" ER antwortete: „Das höchstentwickelte menschliche Wesen ist dasjenige, welches der Freund aller ist." Kannst du so ein Freund sein? Menschen neigen dazu zu sagen: „Was ist mit dieser Person und jener Person? Sie hassen und beleidigen mich und tun andere schreckliche Dinge. Warum sollte ich ihr Freund sein?" Solche Menschen leben eher wie Einzelteile, als wie Teile des ganzen Puzzles. Manchmal sind wir auf der physischen Ebene Angeber, die vortäuschen, uns gegenseitig zu lieben und zu respektieren wie sehr enge Freunde, während wir uns in tieferen Schichten wirklich hassen. Wir vertrauen nicht. Das ist die Tragödie des menschlichen Lebens.

Wir gründen Familien, wir gründen Gruppen, wir gründen Nationen, aber die meisten von ihnen basieren auf Selbstinteresse. Diese Gruppen sind noch nicht fortgeschritten. Im Allgemeinen gibt es in ihnen keine Selbstverpflichtung, keine Vision und kein Streben nach dem Wohl anderer.

2. **Sorgfalt.** Freundschaft kann nicht andauern und wachsen, wenn die beteiligten Menschen nicht sorgfältig sind. Sorgfalt beginnt zu Hause und geht auswärts weiter. Ich besuchte einmal ein Haus, in dem die Frau ein Essen kochte, welches der Ehemann servierte. Als die Frau ihre Zigarette anzündete, räumte der Mann ab und wusch das Geschirr. Er war nervös und hasserfüllt und die Frau half ihm kein bisschen. Ich dachte: „Hier gibt es keine Sorgfalt, keine Zusammenarbeit." Ihr Sohn holte eine große Spielmatte und ein paar Spielaschen hervor, kippte sie auf den Boden und ließ sie dort liegen. Weder der Ehemann noch die Ehefrau nahmen Notiz davon. Es gibt keine Sorgfalt in dieser Beziehung.

Frauen und Männer müssen sich gegenseitig erfüllen und vervollkommnen, indem sie unaufhörlich Dinge füreinander tun. Das habe ich von meiner Mutter gelernt. Sie war jeden Morgen um vier Uhr auf. Das Frühstück war zu der Zeit gerichtet und auf dem Tisch, zu der jeder fertig war. Sie hatte sogar unsere Schuhe und Kleider herausgelegt, alles gebügelt und fertig zum Anziehen. Wenn mein Vater abends nach Hause kam, war der Tisch immer gerichtet. Ich fragte sie: „Mami, wann hast du das alles gekocht?" „Oh, gestern habe ich die Hälfte davon gemacht und heute Nachmittag werde ich mehr kochen." Sie hatte einen Plan um die Bedürfnisse der anderen zu erfüllen. Sie wollte, dass ihre Kinder und ihr Ehemann gesund, glücklich, erfolgreich, freudvoll und aufgeklärt sind.

Wenn eine Person faul ist, können ihre Freundschaften nicht fortbestehen. Letztendlich werden andere ihm gegenüber immer kühler werden. Alle Parteien müssen damit beginnen, auf physischen, emotionalen und mentalen Ebenen zusammenzuarbeiten und dies sogar auf andere an unterschiedlichen Orten ausdehnen. Trägheit bringt immer Stagnation, Arbeit bringt Licht und Glück. Manchmal glauben Menschen, dass dies eine sehr unbedeutende

Regel ist, aber tatsächlich ist es eine der Hauptregeln in Familien und in sonstigem Gruppenleben.

Einmal ließ ich als Test für Sorgfalt ein Blatt Papier auf den Boden des Hörsaals fallen. Das Papier lag dort drei Tage lang; niemand hob es auf.

Anstatt einander aufzufressen, müssen Staaten sich gegenseitig helfen, damit wir weltweite Gesundheit, weltweiten Erfolg, weltweites Glück und weltweite Erleuchtung haben werden. Hast du solche Worte aus dem Mund unserer politischen Kandidaten gehört? Wir sollten sie fragen: „Aus welchen Gründen kandidierst du für das Amt? Wirst du unseren Staat vereinen, das Glück, die Gesundheit und Schönheit unseres Staates vermehren, genauso wie das Glück, die Gesundheit und Schönheit anderer Staaten? Wenn dem so ist, werden wir dich wählen." Das ist Führung! **Ein großer Führer ist ein wahrer Freund des Staates.** Manche Führer sind Führer für ihre eigene Brieftasche; manche sind Führer für ihre Machtstellung und ihren Einfluss. Aber wirkliche Führer beweinen die Schwierigkeiten ihrer Nation und arbeiten daran, sie zu beseitigen.

3. **Kein Aufzwingen.** Wenn du versuchst einen Freund zu unterjochen, verlierst du ihn letztendlich. Du verlierst ihn durch Aufzwingen in jeglicher Form – durch Vorschläge, Denken, dein Benehmen, dein Sprechen und Schreiben oder dein Verhalten. Wenn du deine Freunde, andere Gruppen oder andere Nationen zu deinen Sklaven machst, verlierst du den Blick auf dein Ziel im Leben.

Du machst niemanden zum Sklaven. Manche Menschen mit sehr begrenztem Verstand denken, dass Freundschaft nur besteht, wenn sie einen Käfig umeinander bauen. Das funktioniert nicht. Je größer die Freundschaft, desto größer ist die Freiheit zwischen den Freunden. Nicht-Aufzwingen bedeutet, anderen deine physischen Triebe und Begierden, deine emotionalen Ausbrüche, deine Gedanken, deine Prinzipien, deine Ideen, deine Diplome nicht aufzuzwingen. Wenn du diese Dinge nicht aufzwingst, lässt du deine Freunde aufblühen. Jedes Aufzwingen ist ein künstlicher Käfig, den du um deine Freunde herum baust.

4. Fordere deinen Freund heraus, indem du Vorbild bist.
Wenn du möchtest, dass dein Freund zu studieren beginnt um sein Wissen zu vergrößern und erfolgreich zu sein, kannst du ihn inspirieren und herausfordern, indem du es selbst tust. Wenn er dein Beispiel sieht, beeindruckt ihn dieses Bild langsam und ruft ähnliches Streben in seinem Herzen hervor.

Einmal schlug ich vor, dass die Stühle im Tempel auf eine bestimmte Weise aufgestellt werden. Alle unterhielten sich weiter, also begann ich, die Stühle selbst zu aufstellen. Als die Leute das sahen, hörten sie auf zu sprechen und halfen mir. Durch dein Beispiel kannst du andere herausfordern. Du forderst sie mit deiner Schönheit heraus, mit deiner Weisheit, mit deiner Intelligenz, mit deiner Reinheit, mit deiner Stärke, denn du möchtest, dass dein Partner, dein Freund genauso schön – sogar **noch** schöner ist, wie du es bist. So wird Freundschaft aufgebaut. Manche Menschen sind auf den Erfolg voneinander eifersüchtig. Manche Männer sagen sich: „Du meine Güte, meine Frau wird jemand. Schau sie an. Ich mag das nicht." Wenn die Geschäfte der Ehefrau größer und erfolgreicher werden, fühlt sich der Mann kleiner. Stattdessen muss er sich größer fühlen, denn sie ist ein Teilstück des Puzzles, das wiederum Teil seiner Gruppe ist, seiner Nation. Wenn unsere Nation bei den Olympischen Spielen gewinnt, fühlen wir uns stolz. Wir sollten uns genauso stolz fühlen, wenn andere um uns herum erfolgreich sind.

Fordere durch ein Beispiel heraus. Wenn du Menschen dazu bringen willst, härter zu arbeiten, musst du härter arbeiten. Vor einigen Jahren hatte eine unserer Gruppen eine Klausurtagung in der Gebirgsgemeinde Crestline. Jeden Morgen pflegte ich um vier Uhr aufzustehen, machte Lärm, damit andere hören konnten, dass ich meinen Tag begonnen hatte und begann zu meditieren. Wenn ich dann meine Augen öffnete, sah ich alle meditieren und verschwand leise in den Wald. Wenn ich gesagt hätte, „Es ist vier Uhr, jeder muss aufstehen und meditieren", hätten sie zu nörgeln begonnen, weil es kein Vorbild gab. Fordere andere durch dein Beispiel, durch deine Stille, durch deine Freude, durch deine Furchtlosigkeit heraus, anstatt Anforderungen zu stellen. Das ist Freundschaft.

5. **Freiheit.** Lasse deine Freunde frei sein. Als ich eine Gruppe organisierte, rieten mir einige Leute „Wir haben deine Satzung gelesen, sie ist nicht energisch genug." „Warum nicht?", fragte ich. „Du hast keinerlei Gesetze darin, die die Mitgliedschaft kontrollieren." Ich sagte: „Eine kontrollierte Gruppe ist eine tote Gruppe." Wir müssen anderen die Freiheit lassen in die Hölle zu gehen oder in den Himmel. Nur diese Freiheit wird sie lehren wie man wächst.

Wenn dein Partner es aus Angst unterlässt, falsch zu handeln, wird es ihn nicht davon abhalten, in der Zukunft falsch zu handeln, wenn seine Angst erst einmal beseitigt ist. In Freiheit werden unsere Tugenden getestet und in Freiheit sind wir einander ausgesetzt.

6. **Freundschaft wächst mit Respekt.** Wenn sich Menschen einige Monate lang sehen, verlieren sie oft den Respekt voreinander. Respekt muss eine dauerhafte Qualität in der Beziehung sein, besonders in Gruppen.

Am Anfang, wenn eine Person Mitglied einer Gruppe wird, respektiert sie die anderen Mitglieder. Aber zehn Monate später beginnt ihr Respekt zu schwinden. Respekt ist der Zement einer Freundschaft. Du musst den anderen respektieren, auch wenn du verärgert bist. Wenn du etwas sagst, sage es mit Respekt. Wenn du eine Haltung von Respekt aufrechterhältst, agierst du eher vom höheren Verstand (engl.: mind), der Seele, aus als von der Persönlichkeit.

Respektlosigkeit zeigt, dass du durch deine Persönlichkeits-Vehikel handelst und durch sie motiviert bist. Respekt erhebt dich, so dass du die Dinge klar siehst. Es ist sehr gut zu prüfen und zu sehen, ob du im Familienleben und in Freundschaften immer noch respektvoll bist. Knallst du die Türen und machst Dinge kaputt, wenn du wütend bist, oder kannst du deinen Respekt aufrechterhalten?

Als ich in Deutschland war, gab ich hundertneunzig Leuten, die an einem Seminar über Opfer und Dienst teilnahmen, eine Aufgabe, indem ich zu ihnen sagte: „Warum schreibt nicht jeder von euch etwas über das Dienen und veröffentlicht es?" Später erhielt ich einen Brief von ihnen, in dem stand, dass sie ein Büchlein herausgegeben hatten; eine Sammlung von allen Artikeln, die sie geschrieben hatten. Gruppenkreativität entsteht, wenn Menschen nicht dasitzen wie Kohlköpfe, sondern die Gedankensamen nehmen – Ideen und Visionen – nach Hause gehen und Artikel entsprechend ihrem Verständnis über das Thema schreiben. Sie erschaffen vielleicht etwas, das zu einem wundervollen Buch oder einer wundervollen Zeitschrift zusammengefügt werden kann. Dieses Ereignis signalisierte mir, dass alle Grundlagen von Freundschaft und Gruppenbewusstsein wirkten.

7. **Anmut und Kultiviertheit.** Respekt ist schön, aber Kultiviertheit und Anmut müssen damit einhergehen. Du kannst viel daran erkennen, wie eine Person geht – anmutig und kultiviert oder derb und „viereckig", unkultiviert. Wir brauchen Kultiviertheit in unserem Denken und Sprechen, Kultiviertheit in unserem Benehmen und in unserer Garderobe. Frage dich, wenn du an deinen Freund denkst, ist sie oder er kultiviert? Eine kultivierte Freundschaft und ein kultivierter Freund sind Magneten. Du liebst den Freund, denn er ist anmutig, einfühlsam, aufmerksam und respektvoll.

Meine Mutter pflegte meinen Schwestern zu sagen: „Kein Parfüm ist so kostbar, wie die Anmut einer Frau." Ich werde mich immer an die Anmut meiner Mutter erinnern. Meine Familie war einmal sehr wohlhabend. Meine Mutter behielt ihre Anmut und ihre Kultiviertheit auch als wir alles verloren hatten. Ich habe niemals ein schmutziges Wort aus ihrem Munde gehört. Das Schlimmste, was sie tat, war still zu sein, mit einem Lächeln.

Wenn dein Ehemann, deine Ehefrau, deine Freundin oder dein Freund dich ärgert, äußere dich nicht sofort mit wilden Ausdrücken. Behalte deine Anmut. Wenn du das kannst, wirst du ein kultivierteres Puzzlestück. Das bedeutet, dass, anstatt nur physisch ein kleines Teil des Puzzles zu sein, du ebenso emotional, mental und spirituell ein Teil davon wirst. Ein echtes Puzzlestück wird gelegt worden sein. Wenn du „gelegt" worden bist, gibst du anderen die Möglichkeit „gelegt" zu werden.

8. **Streben nach Schönheit.** Freunde müssen nach Schönheit streben. Strebt jeder in deiner Gruppe nach Schönheit? Wenn sie streben, hast du eine wunderschöne Gruppe, eine wunderschöne Familie. Manchmal kannst du schön gekleidete Familien ein Picknick machen sehen. Du sagst: „Was ist das für eine schöne Familie."

Wenn sie auch auf andere Art schön sind, wie viel besser wird diese Familie sein. Strebe mit deiner Kreativität nach Schönheit. Wenn du nach Hause kommst, sieh die Schönheit dort. Wenn du ins Büro gehst, sieh auch die Schönheit dort. Diese Plätze sollten schön gemacht sein. Du musst in Allem nach Schönheit streben.

9. Freundschaft muss einen Sinn für Verantwortung haben. Was tust du? Worüber sprichst du? Vergiss nicht, du bist nicht alleine, du beeinflusst deine Freunde. Es ist wichtig, wirklich Kontrolle über deine Manieren, Handlungen, Emotionen, Gedanken und sogar deine Motive zu haben. Manche Menschen lächeln eine Person an und denken dann schlecht über sie. Das wird nicht funktionieren. Du wirst dich für deine Motive, Handlungen, Gedanken, Worte usw. verantwortlich fühlen. Wenn wir das tun, werden sich unser Glück und unsere Gesundheit vermehren.

Selbstkontrolle und ein Verantwortungsgefühl unseren Freunden gegenüber werden helfen, verschiedene Quellen von Spannung in deinen Beziehungen zu beseitigen. Die meisten Gesundheitsprobleme zu Hause sind das Resultat von Spannung. Wenn es Spannung in einer Gruppe gibt, ist der Gesundheitszustand in ihr schlecht. Wenn es Spannung in der Familie gibt, gibt es Krankheit. Wenn zwei Freunde nicht glücklich sind, arbeiten ihr Kreislauf, ihr Gehirn und verschiedene Drüsen nicht richtig; die Spannung tötet sie. Das ist nicht nur Philosophie – das ist wissenschaftlich und medizinisch geprüftes Fachwissen.

Ein Sinn für Verantwortung ist so wichtig. Er muss von Anfang an in unseren Kindern kultiviert werden, damit sie die Wichtigkeit von Verantwortung fühlen. Einst wohnte ich einem Abendessen für fünfzehn Leute bei. Wir genossen ein wunderbar zubereitetes Essen. Als wir fertig waren, sagte die Gastgeberin zu ihren drei Töchtern: „Bitte, Mädchen, räumt den Tisch ab und spült das Geschirr."

Die Töchter lagen auf dem Sofa, die Füße an die Wand. „Mami, wir ruhen uns aus", sagten sie. Ich fühlte mich deswegen schrecklich; sie war so müde, dass ich in die Küche ging und ihr half. Diese Mädchen zeigten ihrer Mutter gegenüber kein bisschen Verantwortung. Letztendlich fiel mir auf, dass diese Frau es vernachlässigt hatte, ihren Töchtern Verantwortung beizubringen. Wann immer es möglich ist, müssen wir unseren Kindern beibringen, zu kooperieren und sich für ihre Handlungen verantwortlich zu fühlen. Es muss zu Hause ein Verantwortungsgefühl geben. Wenn es kein Verantwortungsgefühl gibt, können wir als Familie keinen Erfolg haben.

Beachte dieses Beispiel: eine Frau geht nach Las Vegas, verliert viertausend Dollar beim Glücksspiel und verursacht einen Bankrott der Familienfinanzen. Das ist kein Sinn für Verantwortung. In einem anderen Fall hat die Frau keine angemessenen Schuhe aber der Ehemann kauft sich selbst mehrere Paare. Das ist keine Verantwortung. Einen Sinn für Verantwortung zu haben ist so wichtig, besonders, wenn du einer Gruppe, egal welcher Größe, angehörst.

10. **Wirtschaftlichkeit in allem.** Freundschaft kann nicht wachsen, wenn es keine Wirtschaftlichkeit gibt – Wirtschaftlichkeit in der Sexualität, bezüglich des Geldes, der natürlichen Ressourcen – Wirtschaftlichkeit in allem.

Wirtschaftlichkeit bedeutet: was immer du bist und was immer du hast, mit einer zum Ziel passenden Absicht auszugeben. Wenn deine Ausgaben die Vision und das Ziel der Freundschaft und der Familie erfüllen, ist das vertretbar. Wirtschaftlichkeit bedeutet nicht Geiz; sie bedeutet, Geld am richtigen Ort, aus dem richtigen Grund, zur richtigen Zeit auszugeben.

Manchmal sehe ich zum Beispiel, dass elektrisches Licht unnötigerweise angelassen wurde; manchmal laufen Wasserhähne unbeaufsichtigt. Hier geht es nicht so sehr um den finanziellen Aspekt, der so wichtig ist, sondern vielmehr um den Mangel an Verantwortung, die Verschwendung. Menschen, die verschwenden, können nicht reich sein; wenn sie reich sind, können sie es nicht genießen, denn sie haben kein Verantwortungsgefühl. Ein Sinn für Verantwortung ist ein Zeichen von wirklichem Verstand, so dass Reichtum genossen werden kann.

Haushalten bedeutet, mit der Wirtschaftlichkeit der NATUR, mit den GESETZEN der NATUR zusammenzuarbeiten. NATUR verschwendet nicht. Alles wird maximal genutzt, so dass durch jeden lebenden Organismus Nutzen erlangt wird. Das ist echte Zusammenarbeit in Aktion.

Wirtschaftlichkeit sollte zu Hause beginnen. Sofern du das tust, wirst du sehen, wie sich Freundschaft verbessert, wenn es Wirtschaftlichkeit in Allem gibt.

11. **Fehlen von Eitelkeit und Angeberei.** Menschen denken manchmal, dass sie keine Freunde anziehen, wenn sie nicht angeben, indem sie z.B. sagen: „Ich bin ein Professor. Ich habe viele Diplome." Kannst du jemand sein, ohne anzugeben oder eitel zu sein? Viele Freundschaften sind zerbrochen, weil ein Beteiligter sehr eingebildet ist. Angeberei muss in allen Bereichen gestoppt werden, wenn du tiefere Freundschaften schließen willst.

In Freundschaften brauchen wir auch die folgenden drei Prinzipien:

12. **Disziplin**

13. **Opfer**

14. **Einen nicht-manipulativen Geist**

Wenn diese vierzehn Regeln angewandt werden, werden sich unsere Familie, unsere Gruppe und unser nationales Leben verändern.

Jeden Tag, wenn ich nach Hause fahre, bemerke ich, wie ein Nachbar seinen Garten so gießt, dass das Wasser über die Straße fließt und Spurrillen und tiefe Schlaglöcher verursacht. Die Straße wird repariert und er macht damit immer weiter zu überwässern und neue Spurrillen zu verursachen. Er denkt nicht an andere, die auf dieser Straße fahren müssen oder an den Schaden, der ihren Autos zugefügt wird. Er hat keinen Sinn für Verantwortung.

Manche Menschen drängen anderen in ihrer Begeisterung Dinge auf, von denen sie fühlen, dass sie so richtig sind. **Aber jedes aufgezwungene Richtig ist ein Falsch.** Fanatismus, Blindheit, Chauvinismus erzeugen leicht „ein aufgezwungenes Richtig". Wenn du von etwas sehr Schönem gehört hast, zwingst du es niemandem auf. Nur „blinde" Menschen drängen sich anderen auf. Sie sagen: „Das ist die einzige Religion; das ist die einzige Art zu fliegen." Es gibt Millionen Arten zu fliegen. Aufzwingen ist Kurzsichtigkeit. Du darfst nichts aufzwingen. Deshalb sagen wir: „Fordere andere heraus; inspiriere sie". Das bedeutet, ihren Sinn für Werte zu erwecken und sie anzuregen zu verstehen, was wichtig ist. Aufzwingen ruft gewaltige Reaktionen in den Menschen hervor; sie werden dich hassen.

Die meisten von uns geraten in Schwierigkeiten, weil wir anderen unseren Willen aufzwingen. Eine Ehefrau sagt zum Beispiel: „Ich bin für die Partei der Republikaner und du wirst für diesen Republikaner stimmen." Der Mann sagt: „Nein, ich mag ihn nicht." Also sagt die Frau: „Dann lasse ich mich scheiden." Zu denken, dass ein anderer nur dein Freund ist, wenn er oder sie sich deinen Überzeugungen anschließt, widerspricht richtiger Freundschaft.

Die Schönheit einer Freundschaft oder einer Familie liegt darin, dass jedes Mitglied eine andere Sorte Blume ist. Aus all diesen Blumen wird ein wunderschöner Blumenstrauß. Ein Blumenstrauß mit einer Sorte Blumen würde nicht so interessant sein. Eine Person malt und du tanzt. Zusammen seid ihr noch kreativer. Je größer eure Unterschiede sind, desto größer ist eure Chance, schön zu sein. Diese Schönheit wird zum Vorschein kommen, wenn du dich nicht aufdrängst.

In Freundschaften müssen wir durch unsere eigene Kultiviertheit zeigen, dass es höhere Seinszustände gibt. Wir müssen andere dazu herausfordern, Schönheit zu sehen, damit sie weiterkommen. Mit Kultiviertheit gibt es keine Herzinfarkte oder Schlaganfälle; das Blut schießt nicht in unsere Augen und Ohren und verursacht keine physischen Komplikationen. Kultiviertheit kann uns retten.

Unter schwierigen Umständen könnten Menschen so wütend werden, dass ihre Blutgefäße platzen und später viele Komplikationen verursachen. Wenn eine Person kultiviert ist, umgeht sie diese problematische, komplizierte Stunde und regt vielleicht in der Person, die aufgeregt ist, etwas an. Natürlich sind solche Dinge leichter gesagt als getan. Die wahre Prüfung findet in einer Situation statt, die eine Peron herausfordert, auf eine sehr kultivierte Art und Weise zu handeln.

Ein strebender Schüler ist auf dem Weg, seinen vorherigen Bewusstseinszustand zu übertreffen. Wir werden die Mittel und Wege finden, uns selbst zu übertreffen. Wie können wir das tun? Wenn jemand vor Aufregung schreit und wir zurückschreien, ist das nicht effektiv. Wenn jemand wirklich schreit, müssen wir an Kultiviertheit festhalten. Das lehrt die andere Peron eine große Lektion - wenn sie etwas Verstand hat.

Freundschaft muss sich auf allen Ebenen entwickeln, von der physischen Ebene bis zur spirituellen Einheit. Das am häufigsten unvollendete Projekt ist Freundschaft. Wir beginnen oft Freundschaften, und brechen sie dann nach ein oder zwei Jahren auf einer gewissen Stufe des Erfolges ab. Es ist jedoch Arbeit, eine Freundschaft aufzubauen.

Freundschaft ist ein Pfad, auf dem es viele Gefahren, Feinde und Fallen gibt. Wir müssen sie überwinden. Freundschaft wird oft als eine Beziehung von gegenseitigem Eigennutz betrachtet, aber niemand kann ein wahrer Freund sein, wenn er nur ein egoistischer Freund ist. In einer Freundschaft ist der, der wahrhaft profitiert, derjenige, der dem anderen mehr zur Seite steht. Ein wahrer Freund zu sein bedeutet, einen Charakter zu entwickeln, der die Aufmerksamkeit der GROSSEN anzieht.

Die größte Korrektur unseres Charakters wird durch unsere Freunde vollbracht. Weder ein Elternteil noch ein Lehrer kann so in die Tiefe unserer Wunden vordringen und uns heilen, wie es ein Freund kann. Wir prüfen unsere Freunde in Momenten physischer, emotionaler und mentaler Krisen.

Verleumdung, Bosheit und Verrat sind die Feinde der Freundschaft. Es ist eine schwere Beleidigung des GESETZES der FREUNDSCHAFT und EINHEIT, wenn sich eine Person erlaubt, Spaltung und Hass zwischen Menschen durch Tratsch, Bosheit, Kritik oder Böswilligkeit zu begünstigen.

Menschen haben sich dazu gezwungen, die Existenz der Hölle zu vergessen, aber jemand der verleumdet, erschafft Bedingungen, in denen seine Seele unaufhörlich Schmerz und Leid erfährt, wenn sie einmal in die subtilen Welten eingetreten ist. Jede Handlung, die verleumdet, erschafft kontinuierlich Spaltungen, bis sie die DIAMANTSPHÄRE (*auch bekannt als die INTIUTIONSEBENE*) erreicht, wo sie zurückprallt und denjenigen trifft, der verleumdet. Dieser Moment ist von unvorstellbarem Horror.

Es heißt, dass ein Verleumder in einen Geisteszustand gerät, in dem er sich selbst auffrisst. Sein Gewissen frisst nicht nur seinen physischen Körper, sondern auch seinen emotionalen und mentalen Körper. Das ist ein Zustand, der in der Bibel als „Nacktheit" bezeichnet wird. Niemand ist dazu in der Lage, den Konsequenzen seines Verleumdens zu entkommen, außer durch starke Reue, Gebet, Eingeständnis und Selbstverleugnung.

Niemand kann unsere vergangenen Dummheiten so gut aufzeigen, wie jemand, der einmal unser Freund war. Deshalb wird uns gesagt, dass wir unsere Freunde so behandeln sollen, als wenn sie später unsere Feinde werden würden, bis wahre Freundschaft etabliert ist. Unklugerweise tendieren Menschen jedoch dazu, gleich nachdem sie einen neuen Freund gefunden haben, all ihre Karten auf den Tisch zu legen. Das ist Dummheit.

Dummheit ist ein Bewusstseinszustand, in dem Handlungen gegen das eigene beste Interesse einer Person und gegen ihr Überleben von der Person selbst verübt werden. Diese Handlungen werden auf solch irreführende Art begangen, dass sie denkt, sie fördere ihren eigenen Erfolg und ihr eigenes Überleben.

Freundschaft ist die heiligste Beziehung und niemandem darf es erlaubt sein, sie zu zerstören. Der Abbruch einer Freundschaft ist genau so schwerwiegend wie die Abtreibung eines gesunden Embryos. Aber Menschen denken dummerweise, dass sie in ihrem eigenen Interesse handeln, wenn sie die Brücken abbrechen, an deren Aufbau sie in der Vergangenheit gearbeitet haben.

Der erste Moment einer Freundschaft ist eine heilige Empfängnis. Es ist ein magischer Moment, der durch karmische Gesetze erschaffen wurde. Die empfangene Freundschaft muss allmählich

Früchte tragen und Glück und Erfolg hervorbringen; und sich dann nach und nach vertiefen und in immer höhere Sphären der Freundschaft vordringen.

Es ist sehr bedauernswert, dass Menschen alte Freundschaften für neue verlassen, wenn es möglich ist, die alte Freundschaft fortzuführen und aufrecht zu erhalten, während neue Freunde gefunden werden. Das kann getan werden, wenn neue Freunde auf ihre passende Stufe am richtigen Platz gesetzt werden.

Wenn wir über Freunde sprechen, neigen Menschen dazu, an sexuelle Freundschaften zu denken. Freundschaft ist nicht auf eine sexuelle Beziehung begrenzt. Freundschaft kann entstehen im gemeinsamen Streben nach opferndem Dienst, in Gruppenarbeit, durch kreative Künste, Wissenschaften usw. Jeder Freund kann in Bezug zu dir und zu deinen anderen Freunden eine besondere Stellung und einen besonderen Platz einnehmen.

Wie man Freundschaft stärkt

1. Versuche zu kommunizieren; unterbrich keine Kommunikationslinien.
2. Sende Überraschungsgeschenke.
3. Sprich immer voller Hochachtung über deine Freunde.
4. Antworte oder reagiere nicht sofort auf irgendeine Kritik über deine Freunde, aber bleibe aufgeschlossen, beachte und untersuche das Problem.
5. Verkünde deinen Freunden keine schlechten Nachrichten, wenn sie sie nicht unmittelbar betreffen. Halte die Kommunikation in deiner Freundschaft eher in angenehmen Bahnen.

6. Lüge einen Freund niemals an und täusche ihn nie. Du hast ein Recht auf deine Privatsphäre, aber nichts, was du sagst oder tust, sollte die Samen einer Verschwörung gegen ihn enthalten, Samen, die die Freundschaft verletzen.
7. Sende deinen Freunden so oft du kannst gute Gedanken.

Diese sieben Schritte sind so praktisch und kraftvoll, dass sie, wenn sie genutzt werden, erstaunliche Resultate hervorbringen.

Es ist nicht einfach einen guten Freund zu finden. Für gewöhnlich ist es selten einen guten Freund zu finden und zu behalten, bis du selbst ein guter Freund bist. In der Buddhistischen Literatur gibt es die Geschichte einer einäugigen Schildkröte im Ozean, die alle einhundert Jahre auftaucht und versucht, ein ausgehöhltes Sandelholzstück zu finden, in das sie hineinpasst. Diese Geschichte symbolisiert, wie schwierig es ist, einen wahren Freund zu finden. Wenn diese Schildkröte ein Holzstück findet, ist sie gerettet und kann im Licht leben; so ist es auch mit Freunden, die einander finden. Einen Freund zu finden ist genauso kostbar, wie Wasser zu finden, wenn man sich in der Wüste verirrt hat, oder ein Juwel zu finden, wenn du arm bist, oder einen Unterschlupf in mitten eines Schneesturmes oder Unwetters zu finden.

Ein guter Freund ist jemand, der dich erleuchtet. Schlechte Freunde führen dich weg vom Licht, zu Dunkelheit. Die allerbesten Beispiele für Freunde, die wir haben können, sind Lord BUDDHA, der CHRISTUS und unsere LEHRER.

Erinnere dich an die Geschichte, welche Art von Freund Lord Buddha gewesen ist. *Prinz Ajatashatru* war mit einem Bösen Minister, *Devadata,* befreundet, der ihn überredete, seinen Vater, *King Bimbisara,* zu töten. Der König war ein Freund von Lord BUDDHA. *Anguilimala, dessen Name „Halskette der Finger"* bedeutet, war ein

Mörder, der die Finger seiner Opfer abhackte und sie um seinen Hals hängte. *Ajatashatru* befahl *Anguilimala* eintausend Menschen einschließlich Lord BUDDHA zu töten und die Finger zu sammeln. Er hatte Neunhundertachtundneunzig getötet und wollte gerade seine eigene Mutter und Lord BUDDHA töten, um das Ganze abzuschließen. Doch als er sich Lord BUDDHA näherte, fühlte er eine tiefe Transformation in seiner Seele. Er war gewonnen und wurde einer von Lord BUDDHA's Anhängern.

Kapitel 10

Aufmerksamkeit

Aufmerksam zu sein ist eine spirituelle Fähigkeit, die dazu genutzt werden kann, um mit verschiedenen Objekten, Menschen, Umständen, Situationen und Ereignissen umzugehen. Aufmerksamkeit wird durch unsere Gedanken, Worte, Handlungen und Gesten ausgedrückt. Um aufmerksam zu sein, tue folgendes:

1. Beobachte sorgfältig.
2. Denke gewissenhaft nach und drücke dich gewissenhaft aus.
3. Reflektiere ernsthaft.
4. Sei rücksichtsvoll.
5. Prüfe eingehend.
6. Meditiere über etwas aus verschiedenen Blickwinkeln.
7. Sei umsichtig, diskret und besonnen.

Der mechanische Mensch, der über die Zeitalter hinweg aufgebaut wurde, kann durch Aufmerksamkeit demontiert und mit dem neuerdings bewussten Menschen ersetzt werden; die Seele kann dann von innen heraus zum Vorschein kommen.

Aufmerksamkeit ist eine großartige Tugend. Ihr Auftrag ist es, Harmlosigkeit zu erschaffen, rechte menschliche Beziehungen, größere Effizienz, Wachheit und Achtsamkeit. Eine aufmerksame Person ist von Natur aus inklusiv und dankbar, sie ist jemand, deren Ego und Eitelkeit bezwungen ist, jemand der anfängt, für andere und nicht nur für sich selbst zu leben. Eine aufmerksame Person ist jemand, der seinen SOLARENGEL wahrnimmt, die HIERARCHIE und seine Zukunftsvision.

Eine rücksichtslose Peron ist jemand, der sich in seinen selbstsüchtigen Beschäftigungen verliert. Sie ist involutionär, jemand, dessen Handlungen gegen den evolutionären Willen gerichtet sind.

Für ein Individuum bedeutet aufmerksam zu sein, den wahren Bedürfnisse anderer gegenüber sensitiv zu sein; seine zukünftigen Leistungen und Rechte sehen zu können; und den Auftrag zu erkennen, für den es geboren wurde.

Aufmerksam zu sein bedeutet nicht, den Wünschen oder Bestrebungen derer zu folgen, die selbstsüchtig, separatistisch, verletzend oder zerstörend sind. Es ist wichtig, die Gedanken solcher Menschen zu prüfen, so dass man ihnen nicht erlaubt, seine eigenen Entscheidungen zu kontrollieren. Aufmerksam zu sein bedeutet nicht, Menschen einen Freibrief zu geben.

Eine aufmerksame Person denkt, spricht oder handelt nicht mechanisch; sie beobachtet sorgsam die gegebene Situation, sowie die Menschen und Dinge, die damit verbunden sind. Eine aufmerksame Person reflektiert sorgfältig jedes Ereignis und wählt ihre Worte und Handlungen sorgfältig, sodass sie rechtschaffen, harmlos, edel und treffend sind.

Eine aufmerksame Person reflektiert ernsthaft. Das bedeutet, dass sie abwägt, abgleicht und um zu überlegen innehält, so dass ihre Worte und Handlungen Erfolg, Gesundheit und spirituelle Leistungen erbringen. In einer Beratung diskutieren und untersuchen Menschen gemeinsam das Für und Wider bestimmter Maßnahmen. Es ist eine Disziplin, Dinge ohne Hast und emotionale Erregung zu tun.

Eine aufmerksame Person ist eine rücksichtsvolle Person. Rücksichtsvoll zu sein bedeutet, das Wohlergehen und die Belange der

Menschen, die mit den eigenen Handlungen in Beziehung stehen, zu berücksichtigen. Sie bedenkt deren Umstände, Seinsebenen, Bedingungen, Einflüsse und so weiter, bevor sie spricht oder irgendwie handelt.

Aufmerksam zu sein bedeutet, eingehend zu prüfen. Je genauer jemand ein Ereignis oder eine Einzelperson betrachtet, desto umfassender wird seine Einschätzung über sie sein. Völlige Kenntnis bietet eine Gelegenheit, kreativer zu handeln.

Aufmerksam zu sein bedeutet, eine ausreichend lange Zeit über ein vorgegebenes Thema meditieren zu können und daraus die besten Einsichten bezüglich des weiteren Vorgehens zu gewinnen.

Aufmerksam zu sein bedeutet, umsichtig zu sein, klug, unaufdringlich und einen Geist des gemeinsamen Abwägens (engl.: co-measurement) zu haben. Umsichtig zu sein bedeutet, ein Objekt oder ein Subjekt von jedem möglichen Blickwinkel aus und in jeder Beziehung zu betrachten. Solch eine Beobachtung ist klar, unvoreingenommen, unabhängig und rein.

Eine aufmerksame Person entwickelt schließlich einen hohen Grad an Führungsqualität. Keine Führungsperson kann ihre Position beibehalten und vorankommen, ohne stetig Besonnenheit in ihren Beziehungen und Entscheidungen zu üben.

Aufmerksamkeit funktioniert in vielen Dimensionen. Die Erste ist, Menschen und Ereignissen gegenüber aufmerksam zu sein und zu versuchen sie zu verstehen und zu beobachten. Es bedeutet, Menschen zu helfen, glücklich, gesund, erfolgreich und frei zu sein. Niemals versucht eine aufmerksame Person, Menschen zu schaden, selbst wenn ihre mechanische Seite manchmal versucht, sie dazu zu bringen, „wie die anderen" zu handeln. Die zweite Dimension bezieht sich auf die innere Welt. Das ist eine sehr schwierige Aufgabe, bei der die Person beginnt, ihre Gedanken, Gefühle und

Worte zu beobachten, genau wissend, was sie innerlich tut und welche Auswirkung ihr inneres Leben auf ihre Umgebung und ihre Beziehungen hat.

Eine dritte Dimension von Aufmerksamkeit bezieht sich auf die Gefühle, die jemand erlebt, ausgelöst durch andere Menschen und auf die Gedanken und Einstellungen, die durch das entstehen, was andere Menschen über ihn sagen oder denken. In dieser dritten Dimension versucht die Person sich angemessen an Menschen und Umstände anzupassen. Diese Art von Aufmerksamkeit kann dazu führen, dass man andere bewertet und es sich so anfühlt, als ob sie einem oder man ihnen gehört. Die potenzielle Gefahr hierbei ist, dass eine Person anfängt zu denken, sie sei besser als andere und andere verstünden sie nicht oder seien dumm.

Wahre Aufmerksamkeit wird von demjenigen praktiziert, dessen Bewusstsein klar ist und der nicht unter dem Einfluss von Selbstmitleid, Eitelkeit, Ego, Verblendung oder Illusion handelt. Ist der Geist (engl.: mind) einer Person erst einmal klar, kann die dritte Dimension der Aufmerksamkeit Wunder in ihrem Leben bewirken. Das erste Wunder ist die Aufmerksamkeit gegenüber dem inneren Leben. Das zweite ist die Aufmerksamkeit gegenüber anderen, gegenüber der Beziehung zwischen einem selbst und anderen. Eine Person ist aufmerksam, wenn sie ein Leben sowohl im Einklang mit ihrer Essenz als auch im Einklang mit anderen Menschen lebt.

Aufmerksamkeit bewirkt, dass sich eine Person selbst kennt und dass sie handelt, spricht und denkt, um sich weiter zu verändern und kreativer zu werden. Aufmerksamkeit bewirkt, dass eine Person andere so kennenlernt, wie sie sind und ihnen bei ihrer Entwicklung weiterhilft. Sie bewirkt, dass eine Person die Wissenschaft der Beziehungen zwischen sich und anderen versteht.

Eine aufmerksame Person steigt allmählich in der Gesellschaft auf, weil Aufmerksamkeit sie kraftvoll, magnetisch, erfolgreich und aufgeklärt macht. Diejenigen, die keine Aufmerksamkeit entwickelt haben, verursachen anhaltende Schwierigkeiten und Probleme, in sich, in anderen und in ihren Beziehungen.

Andere Menschen aufmerksam von deren Standpunkt aus zu betrachten, aus dem Blickwinkel ihrer Gefühle, Gedanken, ihrer Kultur, Zivilisation, Stellung und ihrem Hintergrund, hilft uns, Kontrolle über uns selbst zu gewinnen. Wir gewinnen Macht über unsere Neigung, auf mechanische Art und Weise zu handeln, so, dass wir stattdessen auf eine Art und Weise handeln, die für alle betroffenen Parteien hilfreich ist.

Wenn wir unser inneres Leben beobachten, sehen wir viele Dinge, die unsere Zukunft zerstören, wie zum Beispiel das Vorhandensein von Eitelkeit, Ego, Heuchelei, Selbstbetrug, Identifikation, Lügen oder „mechanisches Funktionieren". In diesem Umfang aufmerksam zu sein, wird uns wachsam sein lassen, wenn wir denken, sprechen und handeln. Dadurch werden wir mehr Kontrolle über unser Leben entwickeln.

Es ist interessant, dass solche Elemente in uns versuchen, uns auf jede mögliche Art und Weise auszutricksen, so dass es sich für uns so anfühlt, als seien nicht wir es, die lügen, sondern andere. Wir sind es nicht, die in Selbstbetrug und Ego gefangen sind, aber andere. Sobald eine Person anfängt, andere zu verurteilen, wird ihre Selbstbeobachtung unmöglich.

Es ist sehr schwierig zu begreifen, dass fast alles, was wir über uns selbst wissen, imaginär ist. Alles Imaginäre muss entdeckt, weggeworfen und durch die Fakten über uns ersetzt werden. Je mehr Tatsachen jemand findet, desto mehr kommt er in seine wahre Existenz. Je mehr Fakten jemand über sich selbst kennt, desto weniger urteilt und verdammt er andere.

Wenn du anderen Menschen gegenüber aufmerksam bist, wirst du nichts tun, was dich auf ihre Kosten glücklich macht. Du tust was auch immer ihr Dasein verbessert, was ihnen hilft sich zu verändern und sie zu größeren Leistungen herausfordert. Du beurteilst oder kritisierst niemanden, sondern beobachtest genau und unternimmst die Schritte, die ihnen oder ihrer Arbeit helfen, erfolg- und segensreicher zu werden.

Indem jemand anderen Menschen gegenüber aufmerksam ist, hindert er sie daran, ihn dazu zu bringen, mechanisch zu handeln. Man reagiert nicht, sondern denkt nach, überlegt, misst und wägt ab und handelt zum Wohle aller. Indem man anderen Menschen gegenüber aufmerksam ist, erschafft man vorsichtig für andere Eindrücke, die kreativ, erhebend und transformierend sind.

Aufmerksamkeit wird nicht entstehen, wenn wir uns selbst, andere und unsere Beziehungen nicht ernsthaft berücksichtigen. Wenn in diesen drei Bereichen Klarheit erlangt wurde, ist Aufmerksamkeit geboren. Aufmerksamkeit ist die Frucht eines Lebens, in dem man die Tatsache erlebt hat, dass Harmlosigkeit, Güte, Inklusivität, Dienen und Selbstaufopferung Wege sind, die zu Gesundheit, Glück, Erfolg und Licht führen. In jeder Inkarnation können durch verschiedene Mittel und Wege solche Erfahrungen im Leben gesammelt werden. Außerdem sehen wir, wenn wir in die SUBTILEN WELTEN hinüber gehen, klar, dass SCHÖNHEIT, GÜTE, RECHTSCHAFFENHEIT, FREUDE und FREIHEIT von allen Menschen genossen werden können, wenn wir nur in Begriffen des höchsten Gutes dächten. Solche Erfahrungen sammeln sich in unserem KELCH, und wir können dann in zukünftigen Leben diese Weisheit in einer Weise nutzen, die Aufmerksamkeit genannt wird.

Direktes Wissen ist Wissen, das in unserer SCHATZKAMMER verborgen ist, zu der wir direkten Zugang haben. Während Zeiten wahrer Aufmerksamkeit werden wir an vergangene Erfahrungen erinnert und können dadurch auf eine zunehmend aufmerksamere Weise agieren. Normalerweise werden wir aufmerksam, wenn wir die Sinnlosigkeit von Ausbeutung, Eitelkeit, Ego, Manipulation, Separatismus, Ungerechtigkeit, Hässlichkeit und Schädlichkeit erkennen. Manche Menschen denken, sie seien schlau, wenn sie andere Menschen versklaven, manipulieren und vernichten. Solche Menschen werden ihre Lektion auf sehr harte Art und Weise lernen. Sie werden in den SUBTILEN WELTEN einen sehr langen Alptraum durchleiden und dann in Verhältnisse geboren werden, in denen Menschen ihnen das antun, was sie in der Vergangenheit anderen angetan haben.

Eines Tages, als mein LEHRER und ich im Wald spazieren gingen, bemerkte ich, dass er sein Schrittmuster änderte. „Stimmt irgendetwas nicht?", fragte ich. Beim Weitergehen antwortete er: „Achte auf die Ameisen – tritt nicht auf sie." Aufmerksamkeit ist ein Gefühl von Einheit des Lebens und die Anerkennung der Rechte anderer Lebensformen.

Deine inneren Gedanken, Bestrebungen und Visionen, oder sogar deine Haltung zu prüfen, ist keine Kritik, keine Selbstverurteilung oder Selbstablehnung. Es ist die klare Wahrnehmung dessen, was du in deinen Gedanken, Gefühlen, Visionen, Plänen und Haltungen wirklich bist und welche Richtung du in deinem Handeln nimmst, um dein Leben für alle Beteiligten harmlos, kreativ und fruchtbar zu machen.

Es gibt eine Gefahr, der man sich bewusst sein muss, wenn man dieses Thema betrachtet. Aufmerksam zu sein bedeutet nicht, in

Erwartung einer unangenehmen Situation faul zu sein und aufzugeben. Wenn es für jemanden nötig ist, anzuhalten und nicht in Aktion zu treten, bedeutet das nicht, er sollte in Verzweiflung versinken. Aufmerksamkeit bedeutet, sich immer darüber bewusst zu sein, wie eine Situation abläuft und bereit zu sein, das Ende abzuwarten, wenn das die beste Handlungsweise ist.

Eine aufmerksame Person sollte sich immer aller beteiligten Faktoren oder derer, die sich auf seine Handlungen auswirken, bewusst sein. Die Handlungen einer solchen Person hängen letztendlich von ihren Motiven, wirklichen Zielen, Aufgaben und Verantwortlichkeiten ab.

Kapitel 11

Schlussbemerkungen

Zusammenarbeit ist eine großartige Disziplin, in dem Sinne, dass wir im Prozess der Zusammenarbeit über unsere egoistischen Gepflogenheiten, unsere Selbstsucht und unser Ego hinauswachsen und versuchen, das Interesse einer Gruppe als Ganzes zu erkennen. Das Prinzip der Zusammenarbeit liegt aller Existenz zu Grunde und schiebt alles in Richtung rechter und harmonischer menschlicher Beziehungen.

Bei Zusammenarbeit wirken oder arbeiten drei oder vier Menschen zusammen, um ein gemeinsam festgelegtes Ziel zu erreichen. Zusammenarbeit ist die Grundlage von Gesundheit, Glück, Erfolg, Überleben und Leistungen auf verschiedenen Ebenen.

Zusammenarbeit ist ein Unterton, der alle Lebensformen leitet, sich kooperativ zu bewegen, um die Potentiale in den Menschen und in der ganzen NATUR zu manifestieren. Zusammenarbeit führt zu Gruppierungen, Integration und Ausrichtung auf höhere Energiequellen und Führung. Schließlich bringt sie Einzelne, Gruppen, Nationen und die Menschheit dazu, sich selbst zu übertreffen.

Es sind viele Faktoren an Zusammenarbeit beteiligt. Einige von ihnen sind, wie folgt:

Zusammenarbeit erfordert ein gemeinsames Ziel, das vorteilhaft für jene ist, die einverstanden sind, damit zu kooperieren.

Zusammenarbeit erfordert spezielle Fähigkeiten und spezielles Wissen, in Übereinstimmung mit dem Arbeitsfeld und dem Ziel. Je tiefer das Wissen und je besser die Fähigkeiten der Teilnehmer, desto größer ist der Erfolg der Zusammenarbeit.

Zusammenarbeit erfordert Konzentration und Fokus ebenso wie Engagement für das Ziel und Einsatz von Fähigkeiten, ohne Beeinträchtigung durch persönliche Interessen.

Zusammenarbeit muss fortschreitend sein. Sie sollte immer weiter gehen, wenn Ziel nach Ziel erreicht wird.

Zusammenarbeit ist ein Prozess, bei dem man sich selbst im Gruppenselbst und im Gruppeninteresse vergisst.

Zusammenarbeit kann nicht ohne sichere Kontrolle über persönliche Vorlieben und Abneigungen, Eitelkeit, Angeberei und Zurschaustellung verletzter Gefühle geleistet werden.

Zusammenarbeit muss nicht nur fortschreitend, sondern auch inklusiv sein. Sie muss immer stärker werdendes Gruppenstreben für das gleiche grundlegende Ziel beinhalten.

Jeder am kooperativen Bemühen Beteiligte muss seine eigene Aufgabe haben und sie im Rahmen der Vision der gesamten Arbeit durchführen. Nichteinmischung und Ermunterung sind wesentliche Faktoren, die von jenen gefordert werden, die an der Arbeit beteiligt sind.

Zusammenarbeit ist eine Form des Komponierens einer Symphonie, in der jede Note ihre eindeutige Position hat und die Aufgabe, die Vision der anderen Noten, eine Symphonie zu erschaffen, zu vervollständigen.

In Zusammenarbeit wird nicht der Einzelne verherrlicht, sondern die Gruppe.

Bei jeder kooperativen Arbeit gibt es eine Führungsperson, die die Mitarbeiter durch den Magneten eines Plans anzieht. Während die Arbeit voranschreitet, wird sie zu einer Quelle der Inspiration und Ermutigung. Schließlich, wenn das Ziel erreicht ist, versucht sie die Anstrengungen der Zusammenarbeit auf eine höhere Stufe zu heben, wo aufopferndere und stärker fokussierte Arbeit benötigt wird. Ein wahrer Anführer regt Mitarbeiter dazu an, sich selbst zum Ziel zu führen, weiter auf dem Pfad des Wesentlichen.

Zusammenarbeit ist auf jeder Entwicklungsstufe möglich. Aber fortschreitende und inklusive Zusammenarbeit ist nur möglich, wenn die Bemühungen der Zusammenarbeit die äußere Manifestation eines inneren Prozesses von Zusammenarbeit werden.

Der innere Prozess der Zusammenarbeit hat vier Schritte:

1. Integration zwischen der physischen, emotionalen und mentalen Natur.
2. Ausrichtung auf die kreative Quelle im eigenen Sein.
3. Synthese der eigenen Handlungen, Gefühle, Gedanken, Ideen, Ziele und Absichten im Leben.
4. danach streben, planetarische und solare Gruppenaktivitäten zu kontaktieren, um mit ihnen zusammen zu arbeiten.

Was bewirkt Zusammenarbeit?

1. Zusammenarbeit spart Zeit, Energie, Geld und Material.
2. Zusammenarbeit garantiert Erfolg.
3. Zusammenarbeit aktiviert die Potentiale, die sich in jeder Gruppe finden.
4. Zusammenarbeit lehrt die Wissenschaft der Anpassung.
5. Zusammenarbeit lässt den Menschen vorankommen, indem sie ihm hilft, seine Persönlichkeit zu überwinden – seine Probleme und Anhaftungen – und befähigt ihn, zu reifen und zu einem bestimmten Grad den Sieg über seine niedere Natur zu erringen.

6. Im Prozess der Zusammenarbeit sieht man die Faktoren, die Hindernisse für die kooperative Anstrengung darstellen, in sich selbst klar und kann somit Schritte unternehmen, um sie zu korrigieren.
7. Zusammenarbeit beruht auf Freiheit. Bei Zusammenarbeit sollte es keinen Druck geben. Niemand sollte von irgendjemandem gedrängt werden, eine Aufgabe zu erledigen. Mitarbeiter müssen zusammenkommen, nicht durch irgendeinen Druck, aber durch das Drängen ihrer Herzen und durch das Gewahrsein des speziellen Plans und Bedarfs. Jegliches Ausüben von Zwang durch irgendwelche Mitarbeiter, macht den Geist der Zusammenarbeit unmöglich und erzeugt Widerstand, Klüfte und andere Probleme.
8. Bei Zusammenarbeit können zukünftige Fehler bis zu einem gewissen Grad, verhindert werden.
9. Bei Zusammenarbeit wird ein magnetisches Feld erschaffen, um neue Ströme von Inspirationen und Eindrücken anzuziehen.
10. Bei Zusammenarbeit wird die Flamme des Geistes entzündet und sie wird ein kraftvolles Mittel, Hindernisse zu überwinden und neue Durchbrüche zu machen.
11. Bei Zusammenarbeit wird eine Verschmelzung zwischen der ätherischen, astralen, mentalen und spirituellen Natur der Mitarbeiter erreicht.
12. Wenn Zusammenarbeit mit der Absicht, persönlichen Vorteil zu erlangen, um bestimmten Menschen zu gefallen oder für selbstsüchtige Interessen durchgeführt wird, scheitert Zusammenarbeit.

Um erfolgreich zu sein, müssen sich in jedem Menschen vier Ebenen vereinigen und aufeinander abgestimmt werden:

- Die Ebene der Absicht
- Die Ebene der Gedanken
- Die Ebene der Gefühle und Emotionen
- Die Ebene der Handlung

Eine solche Verschmelzung bietet die Möglichkeit zukünftiger Zusammenarbeit in höheren Feldern menschlicher Existenz. Der Mensch an sich ist das Ergebnis der Zusammenarbeit aller Elemente in seinem Körper. Galaxien sind das Ergebnis von Zusammenarbeit. Die Existenz an sich ist das Ergebnis von Zusammenarbeit. Das Fehlen von Zusammenarbeit bedeutet Chaos. Wenn Zusammenarbeit auf richtige Weise ausgeführt wird, bezieht sie letztendlich höhere Königreiche oder höhere Energiesphären mit ein, von denen größere Führung und größere Weisheit kommen.

Zusammenarbeit ist der energetische Ursprung des Evolutionssinnes. Alles in der NATUR neigt zu Zusammenarbeit. Die NATUR existiert wegen der Zusammenarbeit von Materie, Energie, Zeit, Raum, Plan und Absicht. Es existiert nichts im Universum, was nicht das Ergebnis von Zusammenarbeit ist.

Zusammenarbeit lässt Dinge entstehen. Fehlende Zusammenarbeit wird zur Ursache von Chaos und Zerstörung.

Fortschritt, Erfolg, Gesundheit, Glück und große Errungenschaften sind die Ergebnisse von Zusammenarbeit. Diese Ergebnisse multiplizieren sich, wenn Menschen an immer größeren Fronten zusammenarbeiten. Die eine Lektion, die erinnert werden muss, ist die Entsagung egoistischer Interessen und das Hochhalten der Interessen der Menschheit.

Wenn die Geschichte aufmerksam gelesen wird, wird man sehen, dass der Zerfall, die Zerstörung und das Verschwinden von Nationen die Folge fehlender Zusammenarbeit gewesen ist – mit der NATUR, mit anderen Nationen und in ihnen selbst. Was für die Gesundheit und das Wohlergehen des Einzelnen gilt, kann auch für nationale und internationale Beziehungen angewandt werden.

Zusammenarbeit muss in uns selbst beginnen. Gesundheit ist die Zusammenarbeit aller Elemente und Systeme im Körper. Gesundheit ist eine Folge der Zusammenarbeit des physischen, emotionalen und mentalen Körpers. Krankheiten aller Arten sind die Folge mangelnder Zusammenarbeit irgendwo im System eines Menschen. Deshalb müssen wir versuchen, Zusammenarbeit zwischen unseren Systemen zu erzeugen. Dann müssen wir versuchen, diese Systeme mit den Zielen, die wir gesetzt haben und der Absicht, die in der Vision unseres INNEREN FÜHRERS enthalten ist, zu vereinen. Wir haben eine Dreiheit in uns: Der INNERE FÜHRER, die menschliche Seele und die menschliche Persönlichkeit, gebildet von der physischen, emotionalen und mentalen Natur. Die Einheit dieser Drei bedeutet die Einheit der Person.

Jene, die eine gute Zusammenarbeit in ihrem System haben, können die Ecksteine von Gruppen sein, die größere kooperative Anstrengungen in der Welt unternehmen. Du kannst nicht wirklich mit anderen zusammenarbeiten, bevor es nicht Zusammenarbeit in deinem System gibt. Eine integrierte und SEELEN-durchdrungene Persönlichkeit ist ein großes Kraftzentrum und ein Fundament von Zusammenarbeit.

Wenn du drei Menschen zusammen bringst und die Qualität ihrer Zusammenarbeit beobachtest, wirst du herausfinden, dass jene, die in ihrem eigenen Wesen eine gute Zusammenarbeit haben, das gleiche auch mit ihren Mitarbeitern und Freunden haben.

Als ich einmal mit einem Gefängnisaufseher sprach, fragte ich ihn, was seine allgemeine Beobachtung bezüglich der Gefängnisinsassen war. Er sagte: „Wenn du dich mit dem Leben von Gefangenen befasst, wirst du herausfinden, dass die meisten von ihnen aus Familien oder Umfeldern kommen, wo Integration innerhalb einer Person und Zusammenarbeit zwischen Menschen nicht vorhanden war. Ein Kind, das zu Hause keine Zusammenarbeit erlebt, wird später eine schwere Zeit haben, dies in der Gesellschaft zu erlernen."

Also müssen wir wiederholen: das Fundament von Zusammenarbeit ist die Zusammenarbeit zwischen den Teilen deiner eigenen Natur. Nur dann wirst du das Gleiche in deiner Familie, bei deiner Arbeitsstelle, in deiner Gruppe und der Gesellschaft haben.

Zusammenarbeit kann entwickelt werden, wenn du versuchst, als eine integrierte Einheit zu denken, fühlen und zu handeln. Die meisten Menschen denken in eine Richtung, fühlen in eine andere und handeln in wieder eine andere. Klüfte in seiner Natur, Familie und Gesellschaft zu haben, bedeutet, dass die Einheit nicht gesund ist. Gesundheit in den drei Naturen erschafft geistige Gesundheit und Kooperation. Ein gesunder Verstand ist Pro-Überleben. Irrsinn ist es nicht.

Nur wenn du Zusammenarbeit in dir hast, hast du einen Einfluss auf die Welt. Menschen, die in sich gespalten sind, bringen Elend und Tod überall hin und sie verschwinden unter den Ruinen ihrer Zerstörung.

Die Gesellschaft hat uns gelehrt, dass jeder auf sich selbst aufpassen muss. Dieser Ratschlag galt für eine lange Zeit und führte zu den Ergebnissen, die wir um uns herum sehen. Nur auf sich selbst zu achten, führt eine Person zu kontinuierlichem Egoismus. Das neue Kommando wird sein, dass jeder auf jeden achten muss.

Du sollst deinen Nachbarn nicht wie dich selbst lieben, sondern mehr als dich selbst, wenn du willst, dass die Welt überlebt. Das ist die Grundlage der neuen Rasse, der zukünftigen Menschenrasse. Wenn wir uns selbst mehr lieben als unsere Nachbarn, werden wir letztendlich das Leben auf diesem bedauernswerten Globus auslöschen.

Zusammenarbeit bewirkt, dass dir die planetarischen kreativen und konstruktiven Kräfte in deinem täglichen Leben und bei deiner täglichen Arbeit helfen. Wenn du aber nicht zusammenarbeitest, kämpfst du gegen diese Kräfte. Diejenigen, die nicht zusammenarbeiten verschwinden selbst.

Integration und Verschmelzung mit deiner Seele offenbart die Ziele deines Körpers. Aber wenn du versuchst mit der GÖTTLICHEN PRÄSENZ zusammenzuarbeiten, wirst du die Absicht deines Lebens kennen. Warum brauchst du Integration, Gesundheit, Glück, Freude und Freiheit? Zu welchem Zweck? Du wirst deine Absicht im Lichte deiner inneren GÖTTLICHEN PRÄSENZ finden. Wenn du das tust, wirst du ein absichtsvolles menschliches Wesen sein. Du wirst die Absicht in anderen menschlichen Wesen erwecken und ihnen helfen, ein zielgerichtetes Leben zu führen. Solange jemand seine Absicht nicht findet, ist er verloren.

Wie vorher erwähnt, gibt es alle Arten von Gruppen und Gruppierungen – vom Einzelmenschen bis hin zu einer Galaxie und darüber hinaus. Jede Gruppe muss ein Ziel haben und es muss in jeder Gruppe Zusammenarbeit geben. Aber Gruppen müssen zusammenkommen, um die **gemeinsame Absicht** hinter allen Zielen zu finden. Erst nachdem die **gemeinsame Absicht** definiert wurde, ist Zusammenarbeit zwischen allen Gruppen möglich.

Ohne gemeinsame Absicht werden Ziele im Widerstreit sein. Ohne Ziele werden Menschen gegeneinander kämpfen oder es wird

Trägheit herrschen. Solange die Ziele nicht für das Allgemeinwohl dienlich sind und dessen Anforderungen erfüllen, ist keine Zusammenarbeit möglich. Das ist sehr wichtig. Die erste Garantie dafür, mit einem Ziel Erfolg zu haben, ist es, dass das Ziel für alle Menschen, überall, wahrhaft gut sein muss.

Natürlich wird man nicht erwarten, die Zusammenarbeit der Feinde der Menschheit zu haben aber der endgültige Sieg gehört denjenigen, die wirklich Ziele formulieren, die dem Wohl der ganzen Menschheit dienen. Einseitige Ziele, parteiische Ziele, und Ziele, die auf separatistischen Interessen beruhen, überleben nicht lange und fallen auf jene zurück, die sie gesetzt haben, selbst wenn sie für Jahrhunderte gemacht wurden.

Zusammenarbeit der Persönlichkeit oder Zusammenarbeit zwischen Persönlichkeiten basiert auf Materialismus. Persönlichkeitsplus Solarengel-Zusammenarbeit führt zu extremistischen Aktivitäten. Zusammenarbeit von Persönlichkeit, menschlicher Seele und SOLARENGEL erschafft fortlaufende, ausgewogene Zusammenarbeit. Zusammenarbeit unter Gruppen muss demselben Muster folgen: Es müssen drei Gruppen oder mehr sein, um Zusammenarbeit hervorzubringen.

Es dauert Zeitalter die Persönlichkeit und den SOLARENGEL zusammen zu bringen. Nachdem sie einen Kontakt aufbauen, handelt die Persönlichkeit Ewigkeiten wie ein Fanatiker, oder der Mensch lebt ein Leben, das „entrückt" ist oder nicht geerdet. Bevor sich der dritte Faktor nicht abzeichnet, wird es keine Ausgeglichenheit geben. Der dritte Faktor ist die menschliche Seele, die in der Zusammenarbeit der Persönlichkeit mit dem INNEREN FÜHRER geboren wird.

Es gibt Millionen von Gruppen in der Welt mit Millionen von

Zielen. Wenn jedes Ziel in eine andere Richtung geht und ein gegensätzliches oder widerstreitendes Ziel in Bezug zu den anderen wird, haben wir alle Arten von globalen Unruhen: Revolutionen, Kriege, massive Ausbeutung und Vernichtung von Menschen und natürlichen Ressourcen, massive kriminelle Handlungen und mehr. Die höchste Bestimmung von Zusammenarbeit ist, ein gemeinsames Ziel für all diese Ziele hervorzubringen. Dieses Ziel wird die Absicht genannt. Solange die Menschen nicht die Absicht sehen, die hinter ihren Zielen steht, können sie sich nicht weiterentwickeln.

Das ist, wie einen Berg zu besteigen: Hunderte Menschen erklimmen den Berg und benutzen verschiedene Wege den Gipfel zu erreichen. Wenn das Erreichen des Gipfels die Absicht ist, werden sie sich dort alle treffen.

Zuerst müssen Menschen Ziele haben um damit zu beginnen, Zusammenarbeit zu lernen. Dann muss die Absicht hinter den Zielen gesehen werden. Die Absicht ist der höchste Magnet, der Ziele zusammenführt, um die Menschen dazu zu bringen, miteinander zusammenzuarbeiten. Wenn es keine Absicht gibt, können Ziele in umfassender Spannung gipfeln, weil Menschen die Absicht, die Vision nicht sehen können; sie können nicht sehen, was sie erreichen werden.

Das ist die Situation, in der wir uns zurzeit befinden. Alle Nationen haben ein Ziel, aber sie sind sich der Absicht nicht bewusst. Die Absicht ist das ALLGEMEINWOHL, ohne irgendjemanden auszuschließen.

Es reicht nicht, ein Ziel für die Zusammenarbeit zu haben. Wir benötigen Fähigkeiten und Wissen, um uns in dieses Ziel einzupassen. Wenn wir ein Ziel haben, aber kein Wissen und keine Fähigkeiten, zerstören wir das Ziel, das wir zu verwirklichen suchen.

Um bei einer Zusammenarbeit erfolgreich zu sein, musst du dein persönliches Interesse davon fernhalten. Wenn du ein Ziel setzt und nur für dein Eigeninteresse zusammenarbeitest, wird die Zusammenarbeit scheitern, weil andere entweder deine Handlungen nicht tolerieren oder das Gleiche tun wie du.

Zusammenarbeit ist der Verzicht auf dein Selbstinteresse und ein Arbeiten für die Interessen aller, die sich um diese Zusammenarbeit bemühen. Disziplin hängt damit zusammen das Ego loszuwerden, das nur sein eigenes Interesse auf Kosten der Interessen von anderen anstrebt.

Wenn wir mit einer kooperativen Haltung arbeiten, erkennen wir letztendlich die folgenden Faktoren und fragen uns:

1. Was ist es in mir, das Hindernisse für Zusammenarbeit erschafft?
2. Sind diese Faktoren mental, emotional, physisch?
3. Weisen sie auf einen Mangel an Wissen hin? Einen Mangel an Fähigkeiten? Einen Mangel an Interesse?

Eine Gruppe, egal welcher Größe, selbst ein kleines Komitee, hat Erfolg, wenn die Menschen in der Gruppe ihr Eigeninteresse außen vor lassen und auf das Interesse der Gruppe als Ganzes schauen – was tatsächlich die individuellen Interessen beinhaltet. Auf diese Weise können Menschen zusammenpassen und zusammenarbeiten: einzig, wenn sie ihr Eigen-Interesse für das Wohl der Gruppe und entsprechend der Absicht der Gruppe aufgeben.

Viele Geschäfte scheitern, weil die Mitarbeiter betrügen und sie bestehlen. Dies können wir auch auf dem internationalen Feld der Politik sehen. Zum Beispiel versuchen viele Nationen, die Vereinten Nationen für ihre eigenen Interessen auszunutzen. Die Vereinten Nationen sind noch nicht so erfolgreich, wie es erforderlich wäre, weil viele der beteiligten Nationen nicht in der Lage sind, ihr Eigeninteresse im Interesse aller Nationen und aller Menschen auf der Welt zu vergessen.

Das vorrangige Ziel ist es, miteinander zu kooperieren, um Verständnis zu bringen und die Absicht der Zusammenarbeit zu erfüllen, die Wohlstand, Gesundheit, Glück, Freiheit, Freude und umfassender Frieden ist. Dies wird erreicht, indem separatistische Interessen im alles-inkludierenden Interesse aller Nationen in Vergessenheit geraten.

Zusammenarbeit funktioniert von der kleinsten bis zur größten Form: Atome, Zellen, Familien, Gruppen, Nationen, Sterne und mehr. Sie ist der Unterton, der allen fortschrittlichen Errungenschaften auf allen Ebenen unterliegt. In der Familienstruktur kann das sehr klar gesehen werden. Wenn ein Familienmitglied selbstsüchtig ist und deshalb nicht mit den anderen Mitgliedern zusammenarbeiten kann, leidet diese Familie und scheitert.

Zusammenarbeit bedeutet, einen gemeinsamen Nenner zu finden unter dem alle den Nutzen teilen, ohne dass irgendjemandem Selbstinteresse, Überlegenheit, Erwartungen oder trennende Ziele von einer Person aufgedrängt werden. Zum Beispiel ist das Haupthindernis in allen Gremien oder Gruppen, die versuchen ein Ziel zu erreichen, ein Mitglied, das sich mit dem Motiv des Selbstinteresses aufzwingt oder aufdrängt. Dieses Selbstinteresse hat entweder damit zu tun, eine Position zu erhalten und Aufmerksamkeit oder die emotionale Befriedigung, sich durch Angeberei überlegen zu fühlen.

Disziplin bedeutet, in Selbstvergessenheit zusammenzuarbeiten und in Übereinstimmung mit dem Ziel der Gruppe, Familie oder Nation zu handeln. Das beste kooperative Schauspiel kann man in den Konstellationen der Sterne und Galaxien sehen. Nicht ein einziger von ihnen verletzt den Raum der anderen; wenn er das tun würde, würde das die Zerstörung für ihn selbst nach sich ziehen. Kosmos bedeutet, dass sich jeder jedem anderen für ein gemeinsames Ziel anpasst.

Zusammenarbeit muss fortschreitend sein. Das bedeutet, dass Zusammenarbeit tiefer in die emotionalen, mentalen und spirituellen Bereiche derer eindringen muss, die miteinander kooperieren. Das macht die ganze Gruppe sehr machtvoll und äußerst erfolgreich, denn es räumt alle Hindernisse aus dem Weg, die in der dreifältigen Natur liegen.

Zusammenarbeit muss auch inklusiv werden. Erfolg und Macht sind sehr gefährliche Energien, sofern sie nicht von einer zunehmenden Anzahl von Menschen und Gruppen geteilt werden.

Wir sehen, dass in der Geschichte der Menschheit erfolgreiche Familien eine erfolgreiche Nation gebildet haben. Erfolgreiche Nationen müssen nun erfolgreiche Vereinte Nationen bilden; die erfolgreichen Vereinten Nationen müssen eine weltumfassende Menschheit bilden. Doch jede Erweiterung wird erreicht durch den Verzicht auf ein gewisses Maß an Selbstinteresse. Jede Nation wurde von Familien erschaffen, die versucht haben, ein gemeinschaftliches Ziel zu finden.

Zusammenarbeit funktioniert in allen Abteilungen menschlichen Bestrebens. Jeglicher Erfolg auf jedem Gebiet ist das Ergebnis von Zusammenarbeit. Zum Beispiel beinhaltet Kommunikation eine große kooperative Anstrengung in der Welt. Durch Kommunikation sehen wir, wie sich entfernte Nationen und Gebiete nahekommen und wie sich jeder dessen bewusst wird, was der Rest der Welt tut. Deshalb lässt uns Kommunikation erkennen, dass Klüfte zwischen allen Nationen durch kooperative Anstrengungen verschwinden müssen.

Religionen wurden gegründet, um Menschen zu unterrichten, miteinander und mit der Botschaft oder dem Willen des SCHÖPFERS oder des ERLEUCHTERS zu kooperieren. Aber sie wurden zu Inseln in sich. Religionen haben ihre Ziele – ökonomisch, politisch und spirituell. Was ist das Ziel der **Religion**? Wenn Religionen dieses gemeinsame Ziel oder die HÖCHSTE ABSICHT aller Religionen finden, werden sie internationale oder globale Zusammenarbeit bewirken und so ein größeres Resultat erzielen als bisher mit ihrer nichtkooperativen Haltung.

In der Vergangenheit hassten Religionen sich gegenseitig. Es gibt zurzeit große Bemühungen unter vielen religiösen Führern, den Wert voneinander zu sehen und für das gemeinsame Ziel zusammenzuarbeiten. Religionen haben Ziele, aber die Absicht der **Religion** ist eins zu sein – alle Menschen dazu zu bringen mit der QUELLE von LICHT, LIEBE und KRAFT zu kommunizieren.

Selbst wenn sie nur einen Stein bewegt, wird eine Person in der Zukunft die Auswirkung dieser Bewegung auf das Allgemeininteresse untersuchen müssen. Alles was getan wird, das dem Allgemeininteresse entgegenwirkt, wird als schwerer Verstoß gegen das Gesetz gezählt werden.

Jeder Mensch und jede Nation hat das Privileg zu überleben, erfolgreich und erleuchtet zu sein. Dies wird nicht möglich sein, wenn Zusammenarbeit nicht in unserem Bewusstsein etabliert ist. Folglich löschen wir in Zusammenarbeit all jene Faktoren, die nicht dem ALLGEMEINWOHL dienen.

Zusammenarbeit ist wie die Umsetzung eines Getriebes. Wenn ein Zahnrad nicht passt, ist etwas in diesem Getriebe falsch und es muss angepasst oder entfernt werden, damit alle Zahnräder funktionieren. All die Formen in der SCHÖPFUNG sind wie einzelne Zahnräder. Zusammenarbeit ist die Wissenschaft des Anpassens dieser Zahnräder aneinander, sodass das eine System des universellen Getriebes funktioniert.

Im universellen Getriebe, werden sich alle die Arbeiten teilen und ihre Bedürfnisse werden reichlich erfüllt werden, denn in Zusammenarbeit gibt es Ökonomie und Ökonomie ist die Quelle von Fülle.

In allen Formen ist das Prinzip der Zusammenarbeit eine fortschreitende Bewegung in Richtung Zukunft und größerer Errungenschaften. Gesundheit kann als das Resultat der Zusammenarbeit zwischen allem was der Körper, die Emotionen und die Gedanken sind, definiert werden. Jede Krankheit ist das Resultat des Fehlens von Zusammenarbeit. Krankenhäuser und Gefängnisse sind nichts anderes, als das Bemühen, das Prinzip der Zusammenarbeit durchzuführen. Sich zu benehmen bedeutet, mit anderen für das ALLGEMEINWOHL zusammenzuarbeiten.

Im Prozess der Zusammenarbeit siehst du die Anforderungen und die Dinge, an denen es dir mangelt, um die Zusammenarbeit erfolgreich zu manchen. Folglich fordert dich Zusammenarbeit heraus, dich zu erziehen und zu verfeinern, um in immer höheren Bereichen der Zusammenarbeit von Nutzen zu sein. All deine Schwächen werden an die Oberfläche kommen, wenn du beginnst, zusammenzuarbeiten: deine Eifersucht, dein Egoismus, deine Minderwertigkeits- oder Überlegenheitskomplexe, deine Eitelkeiten, deine Vorurteile, etc. Während du sie eliminierst, wirst du sehen, wie dir die Mühe der Zusammenarbeit Freude und Wohlstand bringt.

Später werden wir lernen, mit GROSSEN auf DEREN Ebenen zusammenzuarbeiten. Stell dir vor, wie viel größere Fähigkeiten, größeres Wissen und größere Reinheit wir brauchen werden, um mit IHNEN zusammenzuarbeiten und IHRE große Arbeit nicht zu stören.

Es kam einmal ein Junge, der Christ war, Marihuana rauchend zu mir und fragte, ob er zu retten sei oder nicht. Ich sagte: „Mit diesem Marihuana in deinem Mund kannst du nicht mit CHRISTUS kooperieren."

Zusammenarbeit ist eine Wissenschaft wie Physik oder Chemie. In der Zukunft muss mehr darüber geschrieben werden. Weil wir diese Wissenschaft an unseren Schulen und Hochschulen nicht gelehrt haben, haben wir eine Welt der Konkurrenz und der Ausbeutung, statt einer Welt des Teilens, erschaffen. Wir sehen jetzt, wohin uns diese Nachlässigkeit führt.

Die Wissenschaft der Zusammenarbeit ist wie die Wissenschaft der Physik oder Chemie, in dem Sinne, dass sie ihre Gesetze und Wirkungen hat. Du kannst zum Beispiel diesen Mann nicht mit jenem Mann in ein Komitee setzen und erfolgreiche Ergebnisse erzielen, wenn sie nicht zusammenpassen können oder wenn nicht „Adapter" benutzt werden um sie passend zu machen.

Bestimmte Elemente können nicht zusammenarbeiten bis ein drittes Element eingreift. CHRISTUS gab eine wissenschaftliche Formel, als ER sagte: „Wenn drei von euch in MEINEM Namen zusammenkommen, werde ich unter euch sein." In dieser Regel gibt es drei Personen. Dann ist da SEIN Name, welcher das Ziel ist. Und schließlich ist da der CHRISTUS, die Absicht. Diese drei sind die Repräsentanten von Licht, Liebe und Willenskraft. Die drei Personen sind für eine erfolgreiche Zusammenarbeit wichtig, aber sie müssen unter einem Ziel zusammenkommen, das sie zur Absicht führt, symbolisiert durch CHRISTUS.

Wenn du nur Licht und Willenskraft hast, wirst du sehr destruktiv, denn du nutzt dein Wissen, deine Informationen oder deinen Verstand (engl.: mind) zusammen mit der Macht, ohne die Interessen anderer zu berücksichtigen – was Liebe offenbaren würde.

Wenn du nur Willenskraft und Liebe hast, wirst du zu einer blinden, energischen Person mit großer Kraft hinter dir. Du brauchst Licht, um dich zu balancieren.

Wenn du Liebe und Licht ohne Willenskraft hast, wirst du nicht fortschrittlich und produktiv sein, welches die Geschenke der Willenskraft sind. Daher muss eine Dreiheit aus den Repräsentanten dieser drei Faktoren gebildet werden. Das ist der Grund, warum wir in fast allen Religionen die Dreifaltigkeit in verschiedenen Formen sehen – um den WILLEN des EINEN durch kooperative Bemühungen zu verwirklichen.

Die drei Energien von Licht, Liebe und Kraft, erschaffen ein Feld der Anziehungskraft, das die Gruppe inklusiv macht. Erfolg wird sich einstellen, wenn die Zahl der Mitglieder der ursprünglichen Dreiheit im gleichen Verhältnis anwächst und nicht das Gleichgewicht der Gruppe durch das Verstärken eines Aspektes der Dreiheit auf Kosten der anderen stört. Das ist die geheime Formel für Erfolg.

Licht ist Wissen, Fähigkeit, Information, Vernunft und Logik. Licht baut Künste, Wissenschaft, Religion und Wirtschaft auf.

Liebe ist Magnetismus, die Verbindung, die Intuition, das Herz.

Willenskraft ist die treibende Kraft, die neue Wege eröffnet und Hindernisse und Schwierigkeiten auf dem Weg der Zusammenarbeit überwindet. Das Dreieck ist auch das Symbol der sieben Felder menschlichen Bestrebens. Der Mittelpunkt des Dreiecks ist der CHRISTUS, symbolisch die Absicht aller sieben Felder menschlichen Bestrebens.

Wie wir gesagt haben, spart Zusammenarbeit Geld, Energie, Zeit, Material und Leiden. Wenn Menschen zusammenarbeiten, werden sie alle doppelten Anstrengungen beseitigen. Zurzeit übernehmen große Firmen kleine oder sie fusionieren, um zu überleben und ökonomischer zu sein. Was wenn in verschiedenen Bereichen der Politik, Erziehung, Kommunikation, Kunst, Wissenschaft, Religion und Wirtschaft nur einer Menschheit gedient wird, in enger Zusammenarbeit miteinander? Milliarden verbrauchter Stunden werden gespart; Energie und Material werden gespart, am allermeisten werden Waffen, die das Blut der Nationen vergießen, abgeschafft, genauso wie die Hüter des Egoismus. Ist einmal diese Last von den Schultern der Menschheit genommen, werden wir den Anbruch einer überragenden Zivilisation und Kultur sehen von der wir nicht zu träumen gewagt haben.

Zusammenarbeit zwischen Nationen wird alles retten; einschließlich dem wichtigsten von allem, dem kostbaren Leben der Menschen und MUTTER NATUR selbst.

Glossar

Absicht: Der Grund hinter den Handlungen, die, bedingt durch die Wahrnehmung des PLANS, ausgeführt werden.

Arhats: Alter Ausdruck, der die EINGEWEIHTEN vierten Grades bezeichnet.

Ashram: Sanskrit-Wort, bezieht sich auf die Ansammlung von Schülern und Aspiranten, die der MEISTER für Unterweisungen zusammenbringt. Es gibt sieben Hauptashrams, jeder ist einem der STRAHLEN zugeordnet und bildet Gruppen oder Brennpunkte von Energie.

Ätherische Zentren: Energiewirbel, die aus den feineren Substanzen der physischen Ebene bestehen. Diese Zentren übermitteln lebenswichtige Energie zum physischen Organismus und werden oft nach ihrem Sanskrit-Namen benannt, **Chakras**.

Ätherischer Körper: Das Gegenstück zum festen physischen Körper, das ihn durchdringt und erhält. Gebildet vom Material der vier ätherischen Unterebenen. Die Blaupause, auf der der physische Körper aufgebaut ist.

Atlantis: (Atlantische Epoche) Der Kontinent, der gemäß der okkulten Lehre und Plato, im Atlantischen Ozean untergegangen ist. Atlantis war das Zuhause der vierten Wurzelrasse, die wir heute die Atlantier nennen.

Blütenblätter: Siehe LOTUS.

Chakra: Energiewirbel, die in jedem Vehikel gefunden werden und die mit einem bestimmten Teil des menschlichen Körpers zusammenhängen. Es gibt sieben Hauptchakras, beginnend vom Kopf: (1)

Krone, (2) Stirn, (3) Hals, (4) Herz, (5) Nabel, (6) Fortpflanzungsorgane, (7) Unteres Ende der Wirbelsäule.

DAS EINE SELBST: Die universelle LEBENSSEELE, die alle Existenz durchdringt.

Der Turm: Das Zentrum des PLANETARISCHEN RATS, oder wo der Wille GOTTES bekannt ist, oder SHAMBALLA.

DIE GROßEN: Wesen, die die fünfte EINWEIHUNG oder EINWEIHUNGEN darüber hinaus erreicht haben.

Dreifältige Persönlichkeit: (3Vehikel des Menschen): Die miteinander verbundenen Kräfte und Vehikel mit denen sich, während der Inkarnation, die sich entwickelnde menschliche Seele ausdrückt und Erfahrungen macht. Diese Vehikel sind der physische Körper, der emotionale oder astrale Körper und der mentale Körper.

Einweihung: Das Ergebnis des stetigen Fortschritts einer Person in Richtung seiner Lebensziele, erreicht durch Dienst und Opfer und offenbart als eine Erweiterung ihres Bewusstseins. Sie stellt einen Punkt des Erreichens dar, der durch ein Stadium von Erleuchtung und Bewusstheit gekennzeichnet ist. Es gibt insgesamt neun EINWEIHUNGEN, welche die sich entwickelnde menschliche Seele erfahren muss, um das KOSMISCHE HERZ zu erreichen.

Eitelkeiten: Eitelkeiten sind Illusionen, die auf egoistischem Stolz der Persönlichkeit gründen. Im Wesentlichen ist Eitelkeit eine Ansicht über uns selbst, mit einer verzerrten Sichtweise der Tatsachen gekleidet. Es ist ein Daseinszustand in dem wir denken wir seien jemand, der wir nicht sind; wir wüssten etwas, das wir nicht wissen, hätten etwas, das wir nicht haben; könnten etwas, von dem wir nicht in der Lage sind es zu tun. Sie existiert in der mentalen Materie in der Aura und wird von und durch die Persönlichkeit gefüttert.

Engelreich: Bezieht sich auf Wesen, die einer anderen Entwicklungslinie folgen, als der menschlichen Familie.

Gruppenseele: Wenn eine Gruppe von Lebewesen ihr Bewusstsein auf höheren Ebenen vereint, formt dies ein Gruppenbewusstsein oder eine SEELE.

Hierarchie: Die spirituelle HIERARCHIE, deren Mitglieder die Materie überwunden haben und die absolute Kontrolle über die Persönlichkeit oder das niedere Selbst erlangt haben. Ihre Mitglieder sind bekannt als MEISTER der WEISHEIT, WELCHE die Verwahrer des PLANS für die Menschheit und aller Reiche sind, die sich in der Sphäre der Erde entwickeln.

Höhere Reiche: Siehe „Höhere Welten".

Höhere Sphären: Siehe „Höhere Welten".

Höhere Welten: Jene Existenzebenen, deren Materie feiner schwingt, als die der physischen Ebene. Bezieht sich im Allgemeinen auf die höhere Mentalebene und darüber.

Höheres SEIBST: Bezieht sich auf den SOLARENGEL. Siehe auch: „Das SELBST".

Illusionen: Werden geformt, wenn eine Person mentalen Kontakt zu Inspirationen, Ideen, Visionen und Offenbarungen hat, aber wegen ihres unzureichend vorbereiteten Verstandes (engl. mind), ihrer Selbstbezogenheit, ihres Egoismus und ihres kristallisierten Denkens nicht in der Lage ist, die hereinkommenden Energien in ihre richtige Form zu übersetzen. Die daraus resultierende Illusion ist eine Fehlübersetzung von etwas Tatsächlichem. Demnach beinhalten Illusionen verzerrte Fakten.

Innerer Führer: Siehe „SEELE".

Innerer Kern: Siehe „KERN".

Karma, das Gesetz des: Das GESETZ von URSACHE und WIRKUNG oder Anziehung und Abstoßung. „Was du säst, sollst du ernten."

Kelch: Siehe LOTUS.

Kern: Die Essenz oder der Funke von GOTT in jedem Wesen; die MONADE.

Kosmisch physische Ebene: Bezieht sich auf die Gesamtheit der sieben Unterebenen der Manifestation, von der höchsten zur niedrigsten: GÖTTLICH, MONADISCH, ATMISCH, INTUITIV oder BUDDHISCH, mental, emotional oder astral und physisch. Jede mit sieben Unterabteilungen, im Ganzen 49 Ebenen der Manifestation.

Kosmischer Magnet: Das unsichtbare Zentrum des UNIVERSUMS.

Kosmisches Übel: Außerplanetarische Quelle von Übel, im Gegensatz zu den Kräften, die die Entwicklung in der NATUR verursachen. Die Quelle von Übel und Rückentwicklung. Schwingungsquelle, die danach strebt, ihre eigene Existenz unter Missachtung des großen PLANS der EVOLUTION zu behaupten.

Lehre: Begriff, der die bewusste Anwendung der Lebenserfahrungen beschreibt. Siehe auch: „ZEITLOSE WEISHEIT".

Lemurische Epoche: Ein moderner Ausdruck, der zuerst von einigen Naturalisten benutzt und nun von den Theosophen übernommen wurde, um auf ein Zeitalter hinzuweisen, bei dem es sich um die Phase des Kontinenten Lemuria handelt, die Atlantis vorausging.

Logos, kosmischer: Der zentrale der KERN des ganzen KOSMOS. Die Gesamtheit aller Zentren des KOSMOS. Die Energie von LICHT, LIEBE und KRAFT. Jeder KOSMISCHE LOGOS ist ein Leben, das sieben SOLARE LOGOI beinhaltet.

Logos, planetarischer: Die SEELE des Planeten. Der Planet wird als SEIN dichter physischer Körper genutzt, um Nahrung für alle lebenden Formen zur Verfügung zu stellen. Er wird auch das „GROßE OPFER" genannt.

Logos, solarer: Der KERN des ganzen SONNENSYSTEMS und allem das im SONNENSYSTEM existiert. Seine Absicht ist es, alle Zentren zu integrieren, in Beziehung zueinander zu bringen und zu synchronisieren, indem ER SEIN LICHT, SEINE LIEBE und SEINE KRAFT, wie eine elektrische Energie, in jedem Atom durch alle Zentren kreisen lässt und somit die ABSICHT der Existenz offenbart und alle Formen dazu herausfordert nach der höchsten Form von Zusammenarbeit zu streben.

Lotus: Auch bekannt als der KELCH. Wird auf der zweiten und dritten mentalen Ebene (von oben) gefunden. Gebildet von zwölf verschiedenen Blütenblättern aus Energie: drei Liebesblätter, drei Wissensblätter, drei Opferblätter. Die innersten drei Blätter verharren seit Ewigkeiten ungeöffnet, sie sind die dynamischen Quellen jener äußeren Blütenblätter. Der LOTUS enthält die Essenz all dessen, was eine Person erreicht hat, ihr wirkliches Wissen und ihren Dienst. Er ist die Wohnstätte des SOLARENGELS.

Mentale Ebene: Es gibt sieben Ebenen, durch die ein menschliches Wesen reist und die das menschliche Bewusstsein ausmachen. Von der untersten Stufe aufwärts heißen sie: physisch, emotional, mental, INTUITIV oder BUDDHISCH, ATMISCH, MONADISCH, GÖTTLICH. Die mentale Ebene selbst ist in sieben Ebenen unterteilt. Die ersten drei von unten sind die Nummern sieben, sechs und fünf, die die untere Mentalebene bilden. Nummer vier ist die Mitte des Denkvermögens (middle mind) oder das Bindeglied. Die Nummern drei, zwei und eins bilden die HÖHERE MENTALEBENE.

Negative Armee: Wird so genannt, weil sie alle negativen Qualitäten, die es gibt, umfasst. Diese Qualitäten bringen eine Menge Entitäten mit sich, die die Person, welche durch diese Qualitäten handelt, ausnutzen. Sie verursachen Verwirrung, Misserfolg und die Unfähigkeit einer Person weiter zu kommen. Es gibt 14 dieser Qualitäten: Hass, Angst, Zorn, Eifersucht, Rache, Verrat, Bosheit, Verleumdung, Gier, Selbstgerechtigkeit, Undankbarkeit, Betrug, Klatsch, Ausüben des Bildes von Misserfolg.

Niederes Selbst: Die persönlichen Vehikel der menschlichen Seele. Siehe auch das „Selbst".

Nirvana: Die Bewusstseinsebene, die als ATMISCHE EBENE bekannt ist.

Persönlichkeit: Die Gesamtheit des physischen, emotionalen und mentalen Körpers des Menschen.

Plan: Der PLAN für diesen Planeten, wie er vom PLANETARISCHEN LOGOS für alle Reiche, die sich in SEINEM Existenzbereich entwickeln, formuliert wurde.

Psychische Energie: „Psychische Energie ist der Energiefluss, der aus unserem innersten ZENTRUM kommt, aus unserem kreativen KERN und all unsere Vehikel mit der Energie des Lebens, der Liebe und des Lichts elektrifiziert und auflädt. Sie ist die Energie, die unseren Vehikeln die Harmonie, die Glückseligkeit, und die heitere Gelassenheit des INNEREN SELBST bringt. Wenn die psychische Energie in den persönlichen Vehikeln frei zirkuliert, bringt sie den Menschen mit dem Rhythmus des KOSMISCHEN LEBENS in Einklang." (aus *The Flame of Beauty, Culture, Love, Joy*, S. 30, von Torkom Saraydarian.)

Schatzhaus: Symbolischer Ausdruck für den KELCH. Auch die SCHATZKAMMER genannt.

SEELE: (mit Großbuchstaben geschrieben): auch als SOLARENGEL bekannt

Seele: Ist die menschliche Psyche, der FUNKE. Der Reisende auf dem Pfad der Evolution, der drei Kräfte hat: Willenskraft, Anziehung, Intelligenz seine Entwicklung zu lenken.

Seelenbewusstsein: Bewusstes Gewahr sein des INNEREN FÜHRERS oder des SOLARENGELS.

Selbst: Die Summe der physischen, emotionalen und mentalen Körper des Menschen. Im Allgemeinen das „niedere Selbst" oder die Persönlichkeit genannt

SELBST: (mit Großbuchstaben geschrieben): Dieser Ausdruck verweist auf den KERN des menschlichen Wesens. Das wahre SELBST wird die sich entwickelnde menschliche Seele genannt, die versucht sich zu befreien, zu ihrem Vater zurück zu kehren und ihr wahres SELBST zu werden.

Shamballa: Bekannt als die WEIßE INSEL, sie existiert in der ätherischen Materie und liegt in der Wüste Gobi. SHAMBALLA ist der Wohnsitz des HERRN der WELT, SANAT KUMARA und ist der Ort wo „der WILLE GOTTES bekannt ist." (Siehe auch: Der Turm.)

Sieben Felder menschlichen Bestrebens: Der Ausdruck der SIEBEN STRAHLEN in der menschlichen Evolution, jeder davon korrespondiert mit einem bestimmten Strahl. Sie sind: Politik, Erziehung und Psychologie, Philosophie, Kunst, Wissenschaft, Religion, Ökonomie und Finanzen, jeweils von eins bis sieben.

Sieben Strahlen: Dies sind die sieben HAUPTSTRAHLEN, durch die alles existiert. Sie sind reine Energien, die in einer bestimmten Frequenz schwingen und sich von Ebene zu Ebene, von Manifestation zu Manifestation verdichten. Die drei Haupt- oder ASPEKTSTRAHLEN sind: Der ERSTE STRAHL der MACHT, des WILLENS und der Absicht;

der ZWEITE STRAHL von LIEBE – WEISHEIT; der DRITTE STRAHL der AKTIVEN KREATIVEN INTELLIGENZ. Es gibt vier ATTRIBUTSTRAHLEN: der VIERTE STRAHL der HARMONIE durch KONFLIKT; der FÜNFTE STRAHL der KONKRETEN WISSENSCHAFT oder des WISSENS; der SECHSTE STRAHL des IDEALISMUS oder der HINGABE; der SIEBTE STRAHL der SYNTHESE oder der ZEREMONIELLEN ORDNUNG. Diese STRAHLEN zeigen Qualitäten, die zu den sieben Feldern des menschlichen Bestrebens oder Ausdrucks gehören.

Solarengel: Auch bekannt als das TRANSPERSONALE SELBST oder die SEELE. Sein niederstes Ausdrucksvehikel ist das mentale permanente Atom. Für gewöhnlich bezeichnet als die „STIMME des GEWISSENS". Er ist das führende Licht, zu dem die menschliche Seele bewusst oder unbewusst hinwandert. Der SOLARENGEL ist ein Mitglied der HIERARCHIE.

Sonnenkelch: Der Aufbewahrungsort von Erfahrungen, die der SONNENLOGOS während SEINER Inkarnation in einer Periode von Milliarden von Jahren ansammelt.

Spirituelle Triade: Die sieben Ebenen des Menschen von der untersten zu der höchsten sind die physische, emotionale, mentale, INTUITIVE oder BUDDHISCHE, ATMISCHE, MONADISCHE, GÖTTLICHE. Sie ist das magnetische Feld, das durch die Energien des MENTALEN permanenten Atoms, des BUDDHISCHEN permanenten Atoms und des ATMISCHEN permanenten Atoms, gebildet wird. Nach der VIERTEN EINWEIHUNG wirkt die menschliche Seele in der SPIRITUELLEN TRIADE. In diesem Stadium wird sie eine TRIUMPHIERENDE menschliche Seele genannt.

Subtile Welt: Bezieht sich auf die astrale oder emotionale Ebene.

Transpersonales Selbst: Der SOLARENGEL, der INNERE FÜHRER.

Unsterbliche Seele: Der FUNKE oder die wahre Essenz des Menschen. Wird auch die MONADISCHE ESSENZ genannt. Es ist die Quelle aus der wir kamen und zu der wir in unserem evolutionären Prozess zurückkehren.

Verblendungen: Wenn sich eine Person etwas sehr stark wünscht, wird die astrale Form dieses Wunsches eine Verblendung genannt. Diese Formen schweben in der Aura der Person, koppeln sich an bestimmte astrale und ätherische Zentren an und üben eine große Macht auf die Handlungen, Emotionen, Gedanken und Beziehungen einer Person aus. Zum Beispiel mag eine solche Person nichts hören, was gegen ihre Wünsche spricht.

Zeitlose Weisheit: Die Gesamtheit der LEHREN, die von großen SPIRITUELLEN LEHRERN während aller Zeiten gegeben wurde. Auch bezeichnet als URALTE WEISHEIT, DIE LEHRE, URALTE LEHRE.

Zentren: Siehe Chakras und Ätherische Zentren

Über den Autor

 Torkom Saraydarian (1917–1997) wurde in Kleinasien geboren. Seit seiner Kindheit wurde er in den Zeitlosen Weisheitslehren geschult.

Er besuchte Klöster, antike Tempel und Mysterienschulen, um Antworten zu finden auf seine brennenden Fragen über das Mysterium Mensch und das Universum.

Er lebte mit Sufis, Derwischen, christlichen Mystikern und Meistern der Tempelmusik und des Tanzes. Seine musikalische Ausbildung beinhaltete das Spiel der Violine, Piano, Oud, Cello und Gitarre.

Es waren lange Jahre der Disziplin und des Dienstes nötig, um die Zeitlosen Weisheitslehren von ihren wahren Quellen her zu studieren. Meditation wurde zu einem festen Bestandteil seines Tagesablaufes und Dienst ein natürlicher Ausdruck seiner Seele. Torkom Saraydarian widmete sein ganzes Leben dem Dienst am Nächsten.

Seine Schriften, Vorträge und seine Musik zeigen seine totale Hingabe an die »Höheren Prinzipien«, Werte und Gesetze, die in allen Weltreligionen und Philosophien präsent sind. Diese Arbeiten repräsentieren eine Synthese vom Besten und Schönsten aller Heiligen Kulturen der Welt und bereichern das Fundament auf dem wir unsere Zukunft aufbauen.

Torkom Saraydarian schrieb eine große Anzahl von Büchern von denen viele bereits publiziert wurden. Einige davon wurden bereits ins Armenische, Deutsche, Italienische, Spanische, Portugiesische, Griechische, Holländische und Dänische übersetzt.

Er hinterließ der Menschheit einen reichen Nachlass von Schriften, sowie auch musikalische Kompositionen zur Erbauung für viele noch kommende Jahre. Für weitere Informationen und Interviews besuchen Sie bitte unsere Website: **www.tsgfoundation.org**, oder rufen Sie uns an für gedruckte Informationsbroschüren.

Über den Herausgeber der Originalfassung

T.S.G. Publishing Foundation, Inc. ist eine gemeinnützige, von der Steuer befreite Organisation.

Gegründet am 30. November 1987 in Los Angeles, California, und umgesiedelt am 1. Januar 1994 nach Cave Creek, Arizona.

Unser Beweggrund ist es einen Pfad der Selbsttransformation zu bilden. Wir haben uns völlig der Herausgabe von Torkom Saraydarians kreativen Schriften und Arbeiten, dem Lehren und dem Vertrieb seiner kreativen Arbeiten gewidmet.

Unser Buchladen in Cave Creek und unser Online Buchladen **www.tsgfoundation.org** offeriert Ihnen die komplette Sammlung der kreativen Arbeiten von Torkom Saraydarian frei zum Verkauf und Vertrieb.

Unsere Zeitung »Outreach« beinhaltet Artikel, die zum Nachdenken provozieren.

Sie ist gedruckt, sowie auch auf unserer Website als freie Email Mitteilung erhältlich. Wir leiten wöchentliche Studienklassen, spezielle Trainingsseminare und Studien- und Meditationskurse, die man von zu Hause aus praktizieren kann.

Gita Saradayrian, Gründerin der TSG Publishing Foundation, Inc. USA und der Torkom Saraydarian University bereist Europa und hält Seminare und Vorträge.

2006 und 2007 wurden in Deutschland/im Raum Frankfurt am Main zwei Familienseminare abgehalten. 2008 und 2009 folgte ein Seminar in der Schweiz, 2009 und 2010 jeweils ein Seminar in Österreich, 2014 ein weiteres in Deutschland. Weitere Seminare im Themenbereich der »Zeitlosen Weisheitslehren« mit Gita Saraydarian sind in Planung. In den USA, an verschiedenen Orten finden jährlich mehrere Seminare mit Gita Saraydarian statt, unter anderem jedes Jahr im Frühling das Wesakseminar und Retreat in Arizona, Cave Creek.

Für weitere Informationen zu Seminaren mit Gita Saraydarian: www.tsgfoundation.org.

T.S.G. Publishing Foundation ist eine Organisation, die ohne Profit arbeitet und von der Steuer ausgenommen ist.

Wir verstehen uns als ein Pfad zur Selbst-Transformation. Wir bieten Bücher, Audio- und Video-Kassetten, Klassen und Seminare als auch Kurse für Zuhause an, die auf den Werten und höheren Prinzipien der Zeitlosen Weisheit basieren. Diese wunderbaren Bücher wurden mit Hilfe von großzügig Spenden der Studierenden der Zeitlosen Weisheiten publiziert. All jenen gilt unsere tiefe Dankbarkeit.

Bücher in englischer Sprache können über
TSG Publishing Foundation, Inc. USA:
www.tsgfoundation.org bestellt werden.

T.S.G. Publishing Foundation, Inc.
P.O. Box 7068
Cave Creek, Arizona 85327-7068
United States of America
Tel.: 001 480 502-1909
Fax: 001 480 502-0713
www.tsgfoundation.org.

Torkom Saraydarian Book Publishing Fund

Torkom Saraydarian widmete sein ganzes Leben dem Dienst am Nächsten und dessen spirituellem Wachstum. Am Ende seines Lebens waren es bereits 100 Manuskripte, die geschrieben und vorbereitet waren zur Publikation. Diese Arbeit stellt ein nahtloses Gewebe der Weisheit dar. Wir haben uns der Herausgabe der kompletten Sammlung angenommen.

Torkom Saraydarian hatte ein einzigartiges Wissen, und die Hingabe in einem einzigen Leben all diese wunderbaren Bücher zu schreiben. Nun ist es an uns diese Arbeit zu tun. Zusammen können wir seinen Traum Realität werden und seinen Nachlass Wirklichkeit werden lassen.

Unser Bestehen fundiert auf den Einnahmen der herausgegebenen Bücher.

Ein spezieller Fund, »*The Torkom Saraydarian Book Publishing Fund*« wurde etabliert um seinen Nachlass zu vervollständigen. Kontaktieren Sie uns zu genaueren Information über den »*Book Fund*« und der Aktualisierung der verbleibenden Manuskripte.

Die Torkom Saraydarian Universität

Torkom Saraydarian träumte von einem Trainingszentrum. Oftmals nannte er es »die Universität«, wo Männer und Frauen in der Theorie und der Anwendung der Höheren Prinzipien und Werte der »Zeitlosen Weisheitslehren« trainiert werden. Er nannte solch eine höhere Ausbildung »Aquarian Education«. Kontinuierlich ermutigte er seine Studenten Institutionen dieser Art in der Zukunft zu gründen.

»Es besteht ein wachsender Bedarf an Führung auf dem Feld esoterischem Wissens. Mehr und mehr Menschen sind desillusioniert mit den Lehren der Opportunisten, desillusioniert durch Menschen, die zwar gute Absichten haben, aber dennoch voller Verblendung und Eitelkeiten sind, oder des illusioniert durch Menschen, die die Lehren benutzen als Geschäft, einzig allein um Geld zu machen.

Großer Schaden wird Menschen zugefügt, die sich dem Teaching, den Lehren mit Aufrichtigkeit im Herzen nähern, aber gefangen werden in Gruppen, Institutionen, die als Ausbeutungsfalle funktionieren. Einige dieser Sucher vergessen allmählich ihre Suche und passen sich ihrer Umgebung an. Einige unterdrücken ihre Bemühung und ihr Streben vollständig, weil sie so sehr desillusioniert sind. Nur ein kleiner Prozentsatz, durch Unterscheidungskraft, führen ihre Suche fort, ein sauberes Feld zum Wachsen und Dienen zu finden.

Die Zahl der wahren Sucher vergrößert sich. Wir müssen uns vorbereiten, die Bedürfnisse erfüllen zu können, und in der Zwischenzeit nicht in die Falle der Eitelkeiten und Verblendungen geraten, oder die Sucher für unsere eigenen Interessen zu benutzen.«

Aus Torkom Saraydarian, *Leadership I,* Seite 16.

Unser erster Trainingskurs wurde im September 2000 abgehalten. Wir haben Studienklassen online, sowie auch in Form von Korrespondenz. Für weitere Informationen zu unseren Studienkursen und zur Online Registrierung besuchen Sie bitte unsere Website: **www.TorkomSaraydarianUniversity.org** oder schreiben Sie uns.

Bücher von Torkom Saraydarian in deutscher Sprache:

- »Dynamiken des Erfolges« T. Saraydarian, 2005
- »Engel und Devas« T. Saraydarian 2006
- »Mentale Übungen« T. Saraydarian 2007
- »Andere Welten« Torkom Saraydarian 2008
- »Erste Schritte in die Freiheit« T. Saraydarian 2010
- »Freude und Heilung« T. Saraydarian Neuauflage 2016
- »Die Legende von Shamballa« T. Saraydarian (Verlag Heiler Mensch-Heile Erde)
- »Die Psychologie der Zusammenarbeit und Gruppenbewusstsein« T. Saraydarian 2016

Bezugsquelle:

BOB BewusstseinsOrientierteBücher

GbR Ursula Grossmann, Daniela Mohr,
Susanne Herzer, Thomas Herzer
Rappengasse 21
67365 Schwegenheim
Tel: +49 (0)6344-8622

E-Mail: info@bob-shop.online
www.bob-shop.online

Andere Welten von Torkom Saraydarian

"Warum sollte man etwas über die "Anderen Welten" schreiben, besonders in dieser Zeit, in der Menschen fähig sind sich im Raum zu bewegen, wenn Laserstrahlen die Kapazität besitzen viele verborgene Probleme zu lösen, wenn der Mensch in der Lage ist, das Leben auf diesem Planeten zu zerstören?

Die Anderen Welten sind die Welten der Ursachen, die nicht registriert werden können durch unsere Mikroskope, Teleskope oder Laser, sondern durch unsere astralen, mentalen und intuitiven Sinne. Wir sind die Gefangenen unserer physischen Sinne. Das Wissen von den Anderen Welten wird unsere Emanzipation von solcherart Sklaverei vorbereiten und wird uns ein neues Verständnis von dem, was wir sind und von dem, was wir sein können, eröffnen. (...)

Dieses Buch vereint viele Erfahrungen, Traditionen und Lehren des Ostens und des Westens. Es wurde nicht geschrieben, um ein Feld der Diskussion zu kreieren, sondern zu dem Zweck, Menschen zu helfen die Schönheit des ewigen Lebens zu sehen, die Schönheit der Kontinuität des Lebens. Ganz besonders in dieser Zeit, wenn sich die Menschheit in ernsthafter Gefahr befindet, ausgelöscht zu werden, wird dieses Buch Hoffnung und auch Mut geben, das Leben des Planeten zu verändern." Torkom Saraydarian

ISBN 9783738657319
€ 39.90

Freude und Heilung von TorkomSaraydarian
Neuauflage 2016

Dieses Buch von Torkom Saraydarian mit 2016 komplett neu überarbeiteter Übersetzung, erschien erstmals 2011 in deutscher Sprache.

Es führt uns die Bedeutung der Freude als Seinszustand für das Wohlergehen und das Heil-Sein vor Augen.

Durch konkrete Anleitung, wie wir uns mit der Freude wirksam verbinden und dieses Prinzip in unseren Alltag integrieren können, lernen wir die heilende Kraft der Weisheit, die uns in der Freude geschenkt wird.

Ein sehr hilfreiches und praktisches Buch um auf den Pfad eines freudvollen Lebens zu gelangen. Es enthält eine große Zahl an Übungen und Visualisierungen, die zur inneren Quelle der Freude führen.

ISBN 9783738657319

€ 14.00

**Mentale Übungen
Torkom Saraydarian**

"Manche Menschen denken, dass sie alles für die Transformation Ihres Wesens tun, was in ihren Kräften steht, wenn sie lesen und zuhören. Das ist nicht ganz wahr. Lesen hilft, zuhören hilft, doch dieses kreiert auch eine Menge an Verantwortung und Druck in unserem System, denn lesen und zuhören heißt, viele Informationen und viel Wissen anzusammeln - Energie, mit anderen Worten.

Werden diese Energien in unserem Leben nicht assimiliert und transformiert, werden sie nicht zu Realitäten, dann kreiert das eine Menge Verantwortung. Es hat keine Bedeutung all das anzusammeln, wenn es nicht die Intension oder auch die Möglichkeit gibt, es zu nutzen."

"Das Visualisieren ist mit deiner Zukunft verbunden und dient dazu, deine Zukunft fantastisch zu gestalten. Nicht nur dieses Leben, nicht nur für ein Leben.

Einmal las ich, dass es dreihundert Jahre gedauert hat, einige Kathedralen in Italien zu bauen. Einige deutsche Festungen wurden im Laufe von vierhundert Jahren gebaut. Viele Generationen dauerte es, doch schlussendlich wurden die Gebäude fertiggestellt. Auf diese Weise wirst du es auch machen. Du beginnst jetzt mit dem Bau und später in den nächsten Leben, oder ganz plötzlich schon in diesem, wirst du die Ergebnisse deiner Visualisierung sehen."
                     Torkom Saraydarian

ISBN 9783738656893
€ 8.90